창락산방
暢樂山房

창락산방
暢樂山房

정성식 著作集

도서출판 두손컴

차례

제1부 산문 PROSE

정년 기념 작품전	13
창락산방暢樂山房	14
피사리	17
연	20
불매	22
심시감	25
반닫이	28
어미닭 교감	30
감꽃	32
모내기	34
논두렁콩	36
봉답에 가뭄 들던 세월	38
보리 구이	40
쌀	42
보리밥 바구니	44
우리 소	46
지게	48
왕잠자리 저수지	50
수박 팔러 가던 날	52

입막음	54
소죽솥 목욕탕	56
갯방천	59
막걸리	60
잿불	63
담장	66
썰매	68
귀신이 나오던 길	71
불놀이	74
사람 & 기계	76
어머니의 일기예보	78
할아버지의 갓	80
우리 할아버지	82
우리 할머니	85
우리 아버지	87
우리 어머니	89
오늘은 내가, 내일은 네가	92
노을 없는 하늘을 그리다	95
자연에 들면	98

제2부 시 POETRY

솔깃한 제안	103
풀꽃 언덕길	104
학교와 집 사이	106
아시보던 길	108
붉은 꽈리	110
솔잎	112
그 아이	114
아쉬움	116
시계꽃	118
고래실	120
비설거지	122
나락타작	124
쌀밥	125
하늘에서 온 돌	126
별	128
수석	129
수박 단상	130
뒤 집 제사에 사람들	132
풋고추	134

맛있는 무지개	135
비 오는 날 투명 텐트	136
새날	137
빈 잔	138
혼자 살기 비법	139
그리고 그렇게	140

제1부

산
문

정년 기념 작품전

잘하란 말 귀에 걸고 살며
잘하리라 애를 쓰고 살며
혹가다가 흥부제비 날갯짓에
거품 술로 한 웃음
노래 한 곡 읊조림

청춘이 반백 되어 마음 굳어 갈 즈음
캔버스에 가추가추 물감 풀어
무딘 손에 놀던 붓이 도원경을 거닐다

지켜주었던 사람들
지켜보았던 사람들

하늘에서 빛 한 줄기 날아들어 출발한 시간
선 스펙트럼 같이 좁은 폭에 잠시 선
인연이란 끈을 문 아름다운 사람들

나를 말하고 너를 말하고 우리를 말하고
혹 시간 남거든 그림에게 물어보자

이리 보면 긴세월
저리 보면 한순간

창락산방暢樂山房

 산허리에 고즈넉이 앉은 산방山房 하나, 아침 햇살에 창을 열면 눈은 벌써 앞산 등성이를 넘어 바다 끝까지 가 있다. 바다가 원하는 대로 주고 난 땅끝 저 마을에는 누가 사는지, 녹색 완연한 들판이다가 황금색이다가 그저 황량한 벌판으로 있기도 한다.
 눈 아래는 등 낮은 산들이 여기 큰 산 시중을 드는 듯이 팔손이 이파리처럼 하여 엎드려 있다. 산은 사철을 알리는 색 시계이다. 봄은 연초록 새잎들로 시작하여, 황적갈색 신엽들이 추임새로 끼어들고 갖가지 나무꽃들까지 합세하면, 산은 온통 유치원 분위기로 분주하다. 여름에는 온 산 나무들이 임꺽정이 팔뚝처럼 일하는 것이 보이고, 이파리마다에 푸른 힘이 가득하다. 가을에는 녹이요 황이요 적뿐일까, 별오만 색 단풍들로 한 산 가득 채우고는, 한줄기 바람에도 술독 빠진 춤꾼 휘모리장단 맞춰 춤추듯이 현란하다. 겨울에 들면 황홀경풍恍惚境楓은 홀연히 사라지고 눈 덮인 세상은 원시로 거슬러 고요한데, 땅 속에서는 수중발레처럼 뭔가로 속닥거릴 것이다.
 산 없는 물은 있어도 물 없는 산은 없다. 산줄기마다 물 내리는 계곡이다. 계곡은 속세가 지껄인 갖가지 소리들을 품어 안은 큰 산이 순화하여 물에 풀어내는 길이다. 큰 산을 떠난 계류는, 암행어사 역졸처럼 나무 아래로, 바위 사이로 숨어들어 소를 이뤄 모였다가, 꼬꾸라지는 폭포수로 되었다가 평석을 만나 잠시 쉬기도 하여 연옥을 지난 몸처럼 바다로 향한다.

도회를 벗어나 한참을 가다 보면 계곡을 타고 오르는 좁고 고부랑한 산길을 만나게 되고, 이를 잠시 즐겨 가면 높은 산 중턱에 은근히 자리한 움막 하나, 창락산방暢樂山房에 이른다. 갓 삼은 짚신처럼 거칠던 마음이 온화해지고 맑아지는 산중턱에 자리한 외딴 집.

집은 소나무 바위산을 헤집고 지었는지 주변 거개가 바위요 소나무다. 집 앞에는 마사토 마당이 잠깐 미로처럼도 보이고, 넓어서 여유롭고 걸터앉고픈 바위들이 한동네 사람 소풍 온 듯이 두런두런 놓였다. 모양도 다채롭고 고색 짙은 바위들, 옆에는 비틀어지고 외틀어져서 삶의 굴곡이 많았음 한 키 작은 소나무들이 위로 받듯 서 있다. 서로들 긴 세월 동고동락 하였는지 잘 어울리는 벗이다. 한 선인은 수석과 송죽을 벗이라 하더만, 여기서는 마사토에 노는 바위와 소나무가 그들이다. 산방의 가장자리에는 색감 좋고 질 좋은 돌로 올린 석축이 한 발 키가 넘고, 그 위에 선 소나무들이 마치 창 들고 선 포졸인데, 대문도 없는 집에 무슨 병정일까.

마당에 놓인 돌들에 비하면 집은 작은 편이다. 미황색 블록으로 담벼락을 치고 황토색 기와를 얹어 살픈 높게 앉은 집이다. 안으로 들면 나무널을 깐 마루는 부드러워 옛집 온

듯 정겹고, 서까래를 잡고 앉은 용마루는 높아서 시원하다. 창은 다겹으로 넓어 채광 및 경관을 즐기는 데에 충분히 넉넉하고, 창가에는 옻칠한 느티탁자 하나, 구석에는 검은색 벽난로가 적벽돌에 쌓여 한가롭다. 달빛 내린 목하 설원 감상에는 이 둘로 한 점 부족함이 없을 것이다.

  나무 계단을 오르니 2층이다. 나이테 촘촘한 두툼한 널판을 계단목으로 깔아 옮기는 발길마다 흘러간 세월들 보겠다. 마루에 오르면 살짝 비켜서 방이 하나 보이고, 열고 드니 하늘로 비스듬히 놓은 창이 특이하다. 창밖 풍광 보다는 밤하늘의 별세계에 빠져 멀리 간 동심을 당기고 싶었을까. 창가에 서서 잠시 밤하늘을 상상하다 마루문을 열어 쪽마루에 나선다. 아, 세상에 이런 장관이라니. 천천히 내리는 경사에 잔잔하게 깔린 산과 들과 바다가 한 점 막힘없이 펼쳐졌다. 이리도 멋진 전망이라니. 활짝 편 쥘부채의 손잡이에 서서 광각의 여유로움으로 보는 산과 들과 바다, 냉수로 속 가슴을 씻은 듯이 시원하다. 선계仙界에서는 흰 수염 길게 내린 유유자적 영감들이 이런 풍광을 눈 아래 깔고들 사는가. 난간에 기대어 한참이나 서 있다. 몸에 성치 못한 신호가 온다. 여기에 무엇이 더 필요하겠는가. 몸을 돌려 살피니 쪽마루 천장이 유별나게 양철로 덮여 있다. 아마도, 비 잘 오는 날 도당거리는 빗소리와 함께 운무 피는 풍광에 젖어 무아지경에 빠질 참이리라.

  창락산방, 소나무와 바위가 있고, 용마루 서까래 아래로 다탁과 벽난로가 있고, 달과 별과 비를 만나는 공간, 여기 드는 사람 누구인가, 차를 넣고 잠깐 앉으시라.

피사리

 모내기를 할 즈음이면 볍씨를 준비하는 농심이 바쁘다. 계란을 띄워 얼굴 내밀 정도인 소금물을 만들고, 씻나락을 부어 쭉정이를 걷어 낸 다음, 몇 날 소독을 겸해서 물에 담궜던 알곡을 모판에 뿌리면 싹이 트는데, 이것이 바로 벼로 자랄 모이다.
 쭉정이도 먹는 것이었다. 삶고 말려서 찧어 껍질을 날리면 계절의 진미 찐쌀이 된다. 원래 쭉정이였던지라 크기도 다양하고, 쌀알 보다는 작고 얇고, 색이 좀 특이한 것도 있고, 전체적으로 벼 껍질 색을 입어 금갈색이다. 맛이 좋아서 이맘때면 누구나 즐기던 훌륭한 간식. 도토리 옮기는 다람쥐 볼처럼 입안 가득 넣어야 제맛이고, 씹을수록 구수했던 그 맛을 단맛에 빠진 요즘 아이들은 잘 모를 것이다.
 모판에서 모가 잘 자라고, 논에 나가 튼실한 벼로 커서, 나락이 많이 열리고, 잘 거두면 풍년이 되는 것이다. 풍년을 노 저어 가는 농심. 좋은 일에는 항시 삐뚠 녀석이 끼어든다. 피가 그것이다. 피는 모판에서 나서 모와 같이 크고, 모내기에 같이 나가면 그만큼 소출이 주는 것이니, 피사리는 이를수록 이득이나 그럴수록 어렵다는 것이 문제이다.

피사리, 모와 피는 일란성 쌍둥이 같아서 흑백이 유별난 새치 뽑는 것과는 판이 다르다. 만원 버스에 탄 소매치기처럼, 사람 중에서 사람인 척하는 양반을 골라내는 정도로 어려운 일이다. 탁란을 키워낸 휘파람새의 허망함을 알겠는가. 피를 벼로 알고 키워 낸 농심의 수고가 허허롭다.

산전수전 할배나 아부지, 아재 급 정도라야 모판에서 모나 피를 구별할 수 있다. 봄바람에 산보삼아 나온 아이들이야 그럴 능력이 아예 없는 것이고, 어정잡이 모를 뽑아 피라 웨기도 한다. 당연히 모와 피를 구별하는 법을 가르쳐는 주지. 경험이 명품을 낳고, 깡충 공부는 옳은 공부가 아닌 것이다. 모와 피 끝에 달린 아침이슬이 햇살에 반짝일 때 구별이 쉽다 하니, 이를 이해할 정도면 이미 농군의 경지에 오른 것이다.

벼와 피는 크면서 점차 달라져 간다. 열매를 맺으면 부끄럽게도 내내 숨겼던 본색이 확연히 드러나는데, 벼에는 금빛 나락이 열리고 피에는 거무튀튀한 쪼꼬맹이 열매가 달린다. 그렇다고 피를 특히 미워할 일도 아닌 것이 예전에는 사람이 먹기도 하였고, 독소를 내어 벼를 죽게 하는 일도 없기 때문이다. 모판에서 피를 몇 번 뽑고 나면 논바닥의 피사리는 그다지 시급을 요하는 일도 아닌데, 다만, 피가 많이 팬 논을 지나는 길손의 손가락질, 말 퍼 나르는 일을 무심히 넘길 정도의 내공은 있어야 된다.

모내기에 한숨 돌린 초여름에 들면, 화투판에 칠 거 없으면 홍싸리 내는 것처럼, 피사리 역시 농부의 소일거리에 불과한데, 한때의 다급함도 그땐 그랬지 정도로 변하니, 살면서 나는 모든 일들 여유로 대할 일이다. 긴 세상살이, 홍싸리 흑싸리 피사리가 어쩌다 나는 한판 놀음이고, 먼길 걷다 간혹 보는 징검다리에 불과한 일이니, 세상사, 좋은 일에 뽑히는 일만이 능사는 아닐 것이다.

연

　바람이 불어야 연이 뜨지. 연 날리는 법을 가르쳐 준다며 밖으로 나온 할아버지, 대 끄트머리 하나 까딱 안 하네.
　할아버지가 형과 내 자새를 만들어 주었다. 애기에서 어린이가 된 것이다. 네모 자새, 나이만큼이나 크기는 형과 달랐다. 실을 자새에 감아줄 때 보면 내 줄은 언제나 형보다 적었다. 이것저것 견주고 있으면 옆에서는 이리저리 달래 주었다. 실에 사개를 먹였다. 이제 형들처럼 연을 띄우고 다른 애들 줄도 끊어 먹을 것이다. 내 비록 가오리연이지만 전장에 나갈 준비가 된 것이다.
　동네 형들은 여럿이 달려들어 사개를 먹였다. 무덤 앞 좌판 같이 매끈하고 넓은 돌판에 유리를 몽돌로 깨고, 갈아, 체로 쳐서 유릿가루를 만들고 부레풀을 준비하였다. 한쪽 자새는 실을 풀고 저쯤에서 또 한 자새는 실을 감았다. 전봇대 사이에 늘어진 전깃줄 같을까. 그 사이에서 흘러가는 실에 풀을 먹이고 유릿가루를 입힌다. 민줄이 사개 먹인 연줄이 되는 것이다. 감는 자새는 멀수록 좋았다. 유리 붙은 풀이 가급적 마를 여유가 있어야 하는 것이다.
　연줄은 다 같이 무명실을 썼다. 좋은 풀에, 유리가 고울수록, 뭉텅 유리 없이 한결같아야 가늘고 야무진 싸움 실이 되는 것이다. 연싸움에서는 상대보다 줄을 위에 거는 편이 유리하고, 연을 감아올려 줄이 팽팽하면 끊어지기 쉬우니 슬슬 풀어야 되고, 그러니 줄에 여유가 있을 것, 그럴만큼 자새도 튼튼해야 된다.

전장에 나간 내 가오리연, 소문이 났던지 상대할 친구가 없어 맹숭맹숭 자새만 잡고 있었다. 그날따라 바람이 잘 불어 연은 쉽게 올랐고 줄은 끊어질듯 팽팽하다. 줄을 끊으면 어찌될까 싶은 생각도 잠깐, 같이 놀던 꼬마들을 앞에 가로줄로 세웠다. 동서남북도 모르던 천방지축의 시절, 연줄을 끊을 테니 잡아라. 고사리 손을 내밀어 준비들은 만만이다. 그러나 아무도 못 그랬다. 너무 가까이 선 탓, 아, 이런!

줄 끊은 연은 활 본 황새처럼 잘도 날아갔다. 황당한 일에 겁난 녀석들은 뱁새처럼 도망을 가고 없다. 뜻밖에 일이 나면 졸지에 혼자가 되는 것이다. 언덕 높은 밭들을 몇 개나 오르고, 지나고, 처음 가는 길, 겁이 났다. 어른 두 손으로 잡아 남지도 않을 가슴, 새근거리고 팔딱거렸다. 연은 뒷산 시커먼 소나무에 줄이 잡혀 쌩쌩 바람을 타고 있었다. 나무에 올랐으나 얽힌 줄을 풀고 구할 수가 없었다. 할아버지가 있으면 얼마나 좋을까.

할아버지가 처음으로 만들어준 가오리연은 그렇게 나와 연을 끊었다. 온몸에 생채기만 남았다. 아쉽고 허망한 마음, 모든 것이 내 탓이다. 등 뒤에서 소나무가 연을 날리고 있었다.

불매

　해가 서산으로 성큼 내려서면 하루를 마치는 시간, 농가에서는 빠르거나 늦거나 집집이 보리쌀을 삶았고, 소죽 여물을 썰었다. 그런가 싶으면 마을에는 매캐한 연기가 진을 치고, 기관지 천식을 앓는 어르신은, '불매 좀 돌려라'며 기침 섞인 콜록말을 내뱉는다.

　불매, 불 지핀 아궁이에 공기를 불어넣어 불을 잘 타게 하는 도구, 풀무의 지역 사투리이다. 불매란 말은 아마도 열매, 동매[*] 등과 같은 맥락에서 생겼을 것이다. 표준말인 풀무보다는 사물을 더 잘 표현한 것으로 본다. 사람들은 불매를 처음에는 나무로 만들었고, 나중에는 쇠로 만들었는데, 나무든 쇠든 인력으로 바람을 일으켜 연결관을 써서 불까지 공기를 밀어 넣었다.

　불매를 돌린다 하여 연기 하나 없이 말끔하게 타는 것은 아니다. 불매 없이는 태울 수 없는 땔감이 더 많았던 탓이다. 필요는 발명의 어머니라, 불매는 이 나라 어디에서 먼저 썼을까. 대장간은 낫 호미 등의 농기구, 끌이나 정 등의 목수, 석수 연장까지 달궈 펴고 굽힐 정도로 온도가 높아야 되니 반드시 필요한 곳이었다.

이 나라 가정마다에는 보통 몇 개의 아궁이가 있었다. 밥을 하거나 국을 끓이는 아궁이, 소죽을 끓이는 아궁이가 그것인데, 그 마다 땔감의 질이 사뭇 달랐다. 밥이나 국 끓이는 정지에서 쓰는 나무는 불매 없이도 잘 타는 질 좋은 것이고, 보릿짚이나 볏짚, 왕겨, 썩은새 등, 불타는 것이라면 몽땅 소죽 아궁이로 갔다. 그러다 보면 거름으로 쓰는 재도 덤으로 얻는데, 짚 정도라면 몰라도 거의가 불매 없이는 태울 수 없는 수준의 땔감이고, 온 집안을 연기투성이로 만들어 눈물 콧물을 쏙 뺄 때에 등장하는 것이 바로 불매였다.

세월이 흐르고 기침 많던 어르신들도 다 세상 버리니 불매도 따라서 사라져 갔다. 그렇기는 해도 불매의 역할, 그 뜻은 오히려 더 강하게 남지 않았는가. 자라는 아이들을 요모조모 칭찬하는 것은 불매의 좋은 예라 본다. 칭찬도 없이 꾸지람으로 크는 아이는, 불매 없이는 안 타는 땔감만 잔뜩 넣은 부석처럼 끄으름 찬 가슴으로 살 것이다. 어린 나에게 할아버지가 연을 만들어 준 것도 불매요, 하굣길이 어두우면 할머니가 마중 나왔던 것도 평생을 두고 불매였.

형제자매, 친척들이 모여서 나누는 담소, 길 가다가 만난 지인 간에 오가는 잠깐의 인사도 삶에 활력을 주는 좋은 불매이다. 온 가족이 집안 식탁에 앉아서 식사하는 것, 외식하는 것, 친구 간에 맛있는 음식 놓고 웃음을 나누는 일도 당연히 그렇다. 꽃을 키우거나 채소를 가꾸는 일, 사람마다 가지는 갖가지 취미가 다 불매이다.

많은 것 중에 으뜸 불매는 역시, 역기를 들거나 공원이나 산길을 걷는 등의 자신을 위한 운동일 것이다. 운동으로 가벼워진 몸은 스스로의 불매가 되어 남을 위한 또 다른 불매가 될 것이니, 이 같은 불매는 헤아려 보면 수도 없이 많다. 잘 사는 것은 불매를 잘 돌리는 일이다.

* 동매 : 물건을 동일 때 가로로 묶는 새끼나 끈 따위를 이르는 말.

심시감

나이가 들면 돌아볼게 많아진다. 어린 내 집에는 감나무 하나 없고 오로지 가죽나무 하나, 대나무만 시끄러웠다. 옆집에는 포도나무, 배나무, 앞집에는 그네 맬 감나무가 몇 개나 있었던가.

봄이 되어 감꽃이 피고 감이 커 가면 감나무 집 아이들이 슬슬 부러워지고 자세도 점점 낮아진다. 그러면 우리 형제들은 잊었다가도 할아버지를 조르는 것이다. 어느 봄에 할아버지는 감 묘목을 사와 심었는데, 형과 우리 셋은 내 나무, 네 나무 하면서 나름 살폈다. 장독간 옆에 둘은 짠물로 죽고, 우물가 하나만 겨우 살았는데, 감이 이런 것인가, 크기도 맛도 엉뚱한 땡감들만 열렸다. 나 죽거든 따먹어라, 했던 감나무, 둥실둥실 큰 감을 남기려 했던 할아버지께 누가 이런 걸 팔았을까.

토종 감은 거개가 떫감이다. 여름에 들면 감들이 제법 크고 벌레 먹어 떨어진, 낙시落枾, 눈치로 주워다가 물 채운 항아리에 우려먹거나 나의 곳에 감췄다가 살짝 먹기도 하였다. 감이 제맛을 내는 홍시나 곶감이 되기까지는 가을도 한참이나 깊어야 되니, 감이란 기다림의 결실이고 인내하며 엎드려 살았던 우리의 과실이다.

　시골 학교를 같이 졸업하고 도회로 온 친구들과 근래에 뜨겁게 달궈 올렸던 화두가 심시감이다. 심시감의 사전적인 말은 침시 또는 우린감이다. 그래도 우리는 심시감, 심시감나무라 하니 더 정겹고 그 시절이 더 그리워 오는 것이다. 추석 무렵에 노란 기운이 살짝 드는 감을 꼭지 채로 따서 간간한 소금물에 두어 달 담가 두면, 짠맛과 단맛이 은근히 어우러진 끈기의 먹거리, 사근사근 심시감이 되는 것이다.

　심시감나무가 있던 친구들이 어린 날에 먹던 심시감을 어찌 잊으랴는 말을 물면, 주름 하나 없는 흐뭇한 얼굴로 변해 간다. 그들과는 달리 동네에 회갑이나 혼례가 있을 때에나 맛보던 심시감. 단감처럼 깎고 잘라서 접시에 올라온 달콤 짭조름한 맛, 짠물 뺀 무장아찌에 설탕 살짝 친 맛이라면 심시감에 실례일까.

　생각만 하고 날만 보내면 절 마당에 선 불상이나 나나, 심시감나무를 심고 가꿔 추억의 맛을 즐겨보자. 아예 처음부터 큰 나무를 구해 심어야겠다. 고향에 마당발 친구한테 나무 구하기를 부탁하니, 허망한 답은 바람 난 태풍처럼 빨리도 온다. 심시감 담던 어머니들 다 돌아가시고, 남아 있던 나무들은 늙어 베어버리니 고려장 같은 나무들만 어쩌다 보인다 한다. 아, 그런가, 사람이나 나무나, 존재란 무상이라. 지역을 넓혀 찾아본다. 월하감도 그랬고 단성감도 그런 흔적이 있네. 지금은 어느 것도 단감에 밀려 우린감은 사양길 든지 오래.

　어찌저찌하면 비슷한 맛은 즐길 수도 있겠다. 다만, 나는 지금 고향의 맛 심시감을 찾고 있는 것이다. 묘목상에 물어도 모른다는 소리, 친구한테 다시 살피기를 구하니 되려 포기를 구한다. 큰 감나무를 파 옮겨도 살기 어렵고, 제자리 잡아 감이 열기까지는 하세월이니, 고욤나무 대목에 심시감나무 가지를 접붙이는 편이 지름길이라 하였다.

 아, 어느 세월에. 나이가 몇인가. 언제 고욤 씨를 뿌려 싹이 트며, 언제 접을 붙여 감이 열리겠는가. 내 인생도 나무처럼 접을 붙일 수가 있다면야 급할 것도 없겠지만.

 실을 바늘허리에다 묶어 쓸 수는 없는 일, 추억을 찾아 데려오고야 싶다만, 올해도 어영부영하다가는 허송세월만 가니 마음이 바쁘다.

반닫이

 속은 절대로 보일 수 없어. 꼭 보고 싶다면 반만 보여 줄 게. 대신 안 본 것처럼 조용히 해야 돼. 문을 반만 열거니까. 아니지, 처음부터 반만 여닫게 만들어진 거야. 이 안 고비에 꽂아 둔 것이며 빼닫이 속이 궁금해도 절대로 안되는 거야.
 좋은 궤를 만들고 싶었어. 할아버지가 쓰던 궤가 보물단지였던 기억이야. 어느 날, 아버지 몰래 땄던 할아버지의 그 궤. 그 때 안에 그걸 꺼내 가출했다면 지금과는 또 다른 한 판의 인생이었을 거야.
 고사한 느티나무를 잘라서 켜고, 여러 해 말리고 대패하여 주먹장 사개맞춤을 하여 듬직한 궤를 만들었어. 오묘한 나이테가 윗널, 문판, 앞널에 잘 들었지. 모든 널을 곱게 갈고 여러 번 옻칠로 마대에까지 벌레 하나 얼씬 못하게 하였지.
 좋은 미래를 주는 卍자, 亞자로 투각한 앞바탕, 경첩, 배꼽장식에다가 들쇠를 기본으로 달았단다. 나비장식, 박쥐장식으로 꿀 흐르는 자유로운 삶과 다산을 기원하였지. 문판과 앞널을 잇는 경첩들 한가운데에 호리병 경첩을 두고, 인생과 술을 연결시켜 놓았다. 나비장식처럼 생의 부드러움에 방점을 찍은 거지. 술은 구름 같으며 무지개 같은 생각들을 잣고, 친구를 부르고 여인을 불러 오는 도깨비 같은 음식이야. 저들을 보고 자며 좋은 꿈을 꾼단다.

주먹장 널들에 거멀쇠와 감잡이를 덧대고, 모서리마다에 귀장식으로 힘을 주었다. 빈자리들에는 광두정 하여 여백미를 살리고, 귀한 것들 넣어서 물고기 자물쇠로 채워 두었단다. 눈뜨고 자는 물고기는 더 없는 초병이라 하였지.

물건이란 자고로 가시적인 것. 자네 원으로 열기는 하였다마는 이 궤에는, 특히 빼닫이 안에는, 마음처럼 눈에 안 보이는 고운 것만 넣어서 집안 좋은 자리에 두고는 길이 간직하고 싶다네. 그러니, 이 반닫이는 내 마음 같으니, 열어도 보일 리 없고 알 리도 없는 내 생의 비밀 상자인 셈이지.

어미닭 교감

긴 밤에 긴 목을 **빼던** 한 무리의 닭들이 새벽문을 열면, 날 듯이 뛰어나와 집안 곳곳에서 잘들 노닌다. 한 녀석이 맛있는 걸 물면 사방에서 몰려들고, 앗길세라 물고 도망을 가고, 다투기도 하고, 졸기도 한다. 장닭들은 별난 모이를 보면 특별한 소리로 암탉들을 부르는데, 이 때문인지 대개의 암탉들은 장닭 주위를 맴돌며 논다. 암탉들은 혼자 아는 은근한 곳에 알을 낳기도 하는데, 날로 먹거나 손님, 도시락 반찬용으로 보관을 한다. 이보다도 계란은 병아리를 까는데 우선적으로 쓰인다. 그래야 닭 마릿수를 늘려 본전을 밑돌지 않기 때문이다.

모성인가, 대를 이어 온 소리일까, 알을 품고자 하는 암탉이 특이한 소리를 내면, 둥지를 마련하여 알을 품게 하였다. 스무날이 좀 넘으면 병아리가 나오고, 사람이 애기 받듯 하여 따뜻한 곳에서 몇 날 물과 부드러운 모이를 주면서 돌보기도 한다. 봄볕이 따스한 날에 대나무로 만든 이글루 모양의 둥근 통을 마당에 두고, 어미닭과 병아리를 함께 넣어 두면, 어디서 그리도 예쁜 모습을 보겠는가. 어미 품에 파고드는 병아리, 온몸으로 품어 안는 어미, 날개 안에서 머리만

내밀고 눈을 반짝거리는 모습이 너무 예쁘다. 자식 사랑의 표본이 여기 좁은 통 안에 다 있다.

　우리 아이들이 자랄 때에 어미닭 흉내를 낸 적이 몇 번 있다. 큰아이는 이미 범위를 넘었고, 상대적으로 작던 둘째, 그 아래가 꼬맹이였을 땐데, 애가 모로 누워 웅크리면 병아리 품듯이 하는 것이다. 일명 알품기, 그래 따뜻하게, 세상 풍파 다 막아주고, 잘 크도록 최선을 다하여, 등의 생각들로 아이를 돌아가며 품었다. 그들은 무슨 생각들로 품 속 병아리처럼 하고 있었을까. 행복하다 생각하였으면 좋겠다. 가끔은 알품기를 그들이 청하기도 하였는데, 세월이 가고 꼬맹이가 자기 새끼 그럴 만큼 커버렸다.

　그렇게도 엄마 품에 들거나 기를 쓰고 따라 다니던 병아리들이 크면 뿔뿔이 흩어져 사는 것처럼, 사람도 그리하여 개체가 된다. 그들 다 품을 떠나면 노계만 남은 휑한 집안에 모이 활동이나 제대로 하며 살런지 모르겠다. 그런들 그게 또 무슨 재밀려나 싶기도 하고. 계란에서 나건 사람에서 나건 생자필멸이며 세상에 온 그날부터 저승여행에 드는 것이니, 멀리서 오는 소식이나 간간이 듣다가 한줌 희로애락을 남기고 세상 품을 뜨는 것이 인생이자 흐름이 아니겠는가.

감꽃

'감꼬타리 좀 주울까예!' 이른 아침부터 형이랑 꽃소쿠리 하나 들고 박목수 댁 살팍에 서서 형이 시키는 대로 주문을 내고 있다. 단맛이 귀하던 시절에 유달랐던 그 집 감꽃.

우리집에는 그 흔한 감나무 하나 없었다. 그러니, 감에 가뭄 든 마음이 그런 감꽃을 놓칠 수가 없었던 것이다. 수박이나 참외처럼 익어야 먹는 과일이 있는가 하면, 감은 봄부터 꽃으로 시작하여 열매까지 이리도 저리도 하여 맛있게 먹었다.

꽃을 먹는 과일이 있던가. 감나무 뿌리는 무슨 재주로 맛을 골라서 올리는지, 단감 꽃은 단맛, 떫감 꽃은 떫은맛이 난다. 감나무는 종류에 따라 모양도 각기 다른 꽃을 피우며 요모조모 뜯어보면 예쁘기도 하다. 왕관 같거나 대체로 항아리처럼 생겨서, 무얼 담아두고 싶은 생각이 드는 귀여운 꽃이다. 왕이나 부자가 된 사람들은 아마도 감 산에 조상 묘를 썼지 싶다.

먹다 남은 감꽃은 목걸이처럼 실에 꿰어 벽에나 기둥에 걸어 두었다. 말려서 먹는다는 핑계 겸 놀이인데, 사실 그리해서 먹은 기억은 별로 없다. 감꽃이 마르면 진갈색으로 변하고, 수분이 단맛을 데리고 빠지니 무슨 잘난 맛이 남겠는가. 어릴 때에 만들고 놀던 그 감목걸이는 나중에 넥타이로 변해서 몇 십 년을 목에 걸고 살았다.

그나저나 그러한 긴 세월의 기억이 이젠 불을 떠난 연기처럼 점차 엷어져 간다. 나이 든 사람들은 기억을 데려다 산다 하였지. 말라 가는 감꽃, 홍시처럼 남은 세월이라도, 홍시를 터트려 씨를 얻고 땅을 다듬어 뿌리고, 감이려니 하면서 보며 살아야겠다.

죽는 것도 자연이고 사는 것도 자연이니 심어 둔 감나무에 내 살던 방식을 고집하지는 않을 것이다. 가뭄이나 추위에 인내를 하든 말든, 세찬 비바람에 태연자약한들, 이슬 한 방울 얻으려 잎을 펴는 일이 없어도 잔소리 하나 없이 그냥 보겠다. 그리하다가 혹시 단감나무나 떫감나무를 접붙일 수 있는 고욤 대목이라도 난다면 기쁘게는 보겠다. 고욤도 가을이 들면 붉어 예쁘다.

모내기

　신록이 상록에 가까우면 내 고향마을에는 모내기로 한참을 바빴다. 작년에 쓰던 못줄을 챙기는 일부터 분위기가 슬슬 잡히더니, 무지개 만드는 소나기처럼 모내기는 급히도 왔다. 못줄은 모심을 곳에 지뼘 하나 간격으로 붉은 천을 꽂아 만든 긴 줄이다. 천을 꽃이라 불렀다. 색도 색이거니와 세상 모든 것을 꽃이라 부르면 편하게 간다. 이 줄로 폭이 좁은 논에서는 이쪽저쪽 두 명이 잡고, 넓으면 가운데에 한 명을 더 세워 중심을 잡아 심는데, 그러면 바둑판처럼 가로로 세로로 줄이 잘 맞아 보기에도 좋았다.
　모내기는 내는 것에 사람들이 모인 것이다. 모판 촘촘히 자란 모를 넓은 논에 내는 사람들이 모인 것이다. 힘이 드는 일이지만 여럿이 모여 하는 일에는 항시 웃음 피는 이야기가 나니, 모내기는 온 동네 사람들의 들에 판 우물가 한마당이 된다.
　모꾼이 모판에서 모를 쪄서 베솔처럼 모춤으로 묶어 두면, 뒷일꾼은 이를 져서 논으로 날라, 모심기 편하게 논 군데군데 던져 둔다. 모꾼들은 여자, 뒷일꾼이나 못줄 잡는 사람은 대개 남자로 정해져 있다. 일하지 않는 사람은 들판에 없다.

단지, 긴 쇠스랑 뒷짐을 지고 논둑을 왔다갔다 잔소리 영감 하나는 예외다.

모내기의 백미는 못밥을 나누는 일이다. 모심기는 보통 한나절 일로 계획 잡으니, 한 마지기에 줄잡아 세 명의 모꾼이 필요하고, 닷 마지기면 다 쳐서 스무 명 이상이 들판에서 밥판을 펴는 것이다. 애를 업고 젖 먹이러 오는 아이도 더러 있으니 실로 스물도 제법 넘겠다. 이고지고 온 못밥을 펴놓고는 지나는 사람, 멀리서 일하는 사람들 다 부른다. 그래도 그냥 가는 사람, 안 들은 척 일하는 사람, 뺄 수 없는 형식이자 인정인 것이다.

맑은 봄날에 산에는 뻐꾸기가 울고, 꿩들이 꿩꿩거리는 목가적인 풍경에 모내는 사람들이 풍년가를 부르며 들판에서 밥을 나누던 시절이 머잖은 옛날에 이 나라에 있었다.

논두렁콩

논두렁콩이 무언지 아실까. 완두콩이나 강낭콩처럼 콩의 한 종류로 여길지 모르겠다. 논두렁콩은 단지 논두렁에 심는 콩이다. 무슨 콩을 심든 상관이 없다. 울타리에 심어 울콩이라 않듯, 콩으로 오해할 이름 역시 이 경우 뿐이다.

모내기를 하고 한숨 돌린 농심이 논두렁에 콩을 심었다. 소 누울 자투리땅도 놀릴 수 없는 농심 아니던가. 가끔, 바람도 쐴 겸 들에 나가 보면, 잡풀로 뒤덮인 논밭이 부지기수이고, 나라에서는 심지 말라 권하기도 한다 하니, 세상 돌아가는 근본이 왜 이리 변했는지, 온고이지신은 어디에 뒀는지 모르겠다.

논두렁은 물을 가두거나 논을 구분하는 둑이다. 씨 뿌린 적도 없는 잡풀들이 제 맘대로 나는 곳이기도 하다. 죽었나 싶다가도 사는 잡풀. 사람에게는 없으면 좋을, 있어도 할 수 없는 그러한 존재. 사람의 발소리를 싫어하는 그들만의 세상에 사람의 소리, 콩을 심는 것이다. 콩 넣을 자리가 특별히 정해져 있는 것이다.

물 걱정 없는 논이 고래실이다. 유독 큰아들에게 유산으로 남겨지던 기름진 논. 이런 고래실 빼고는 우리 논들 모두가 하늘바라기, 하늘배미, 천수답 아니던가. 이런 논에 모내기를 하려면 해를 나면서 갈라진 논두렁 틈을 메꿔야 했다. 논두렁 안쪽 흙을 삽으로 조금 떼어 안쪽으로 던져 넣고, 그 자리에 논 안쪽 진흙을 가져와 메꾼다. 두룸을 챈다는 일인데, 소의 힘도 빌릴 수 없는 오로지 농심의 땀으로 되는 일이다. 가야금 줄처럼 늘어선 하늘배미 논두렁, 농심의 한숨만큼이나 길기도 하니, 두룸 채는 일은 일 중에서도 힘든 일이다.

 논두렁콩은, 모를 심고 나서 적당히 굳어진 논두렁 안쪽 반 뼘 폭의 새 땅에 구멍을 내고 서너 알의 콩을 넣고 왕겨나 재로 덮어 두면 싹이 트는데, 콩으로서는 좋은 땅에 물도 좋은 금상첨화의 적지를 만난 것이다. 넓은 땅에 홀로 선 나무는 사는 재미가 더 할까. 우리 부모들은 부족한 먹거리에 콩깍지 같은 집이라도 형제들 어울려 크는 걸 재미로 여겼다. 논두렁에 심은 콩도 싹이 트고 한여름을 나면서 벼와 어울려 잘 자라 농심을 밝게 할 것이다.

 놀고 있는 땅, 뭐든 심으면 많든 적든 소출이 나는 것은 하늘 아래 이치이고, 밀이든 콩이든 제 아니 심고 열기만 바라면 놀부 심보에 다름없다. 너나없이 세상살이 녹록치는 않지만, 손 놓고 드러누워 세상 탓만 할 수는 없는 일. 모내기에 지친 몸을 일으켜 좁은 땅 논두렁에 콩을 넣고 금빛을 거두는 농심을 잠시 생각할 일이다.

봉답에 가뭄 들던 세월

 세상살이가 쉬운가. 한 해를 시작하는 모내기가 끝이 나면, 잠시 수고로운 몸 추스르는 것이 농심인데, 나락이 잘 자라 금빛 풍년이 들면 세상 사는 일이 무슨 걱정. 심기만 하면 그저 크는가 싶어도 농사일 무엇 하나 걱정 아닌 것이 없고, 비가 와도 걱정 안 와도 걱정, 봉답에 물 걱정, 밖에 나간 자식 걱정이란 말이 그냥 났겠는가.
 비가 잦으면 봉답 물꼬 좀 낮추면 되는 일이, 가뭄 조짐이 나면 물지기 물꼬부터 말라 오는 것이다. 갈라지는 논바닥, 목 타는 나락이 배배 꼬이면, 농심은 타고 인심도 꼬인다. 수답으로 가는 물길에서 봉답으로 물을 좀 퍼 올릴라치면, 아재 형 동생 하던 주변들이 물길을 막거나 엔진을 끄고 모른 척 돌아서며 꼭 한 소리들 한다. 그들 역시 마음 아프기는 매한가지. 물길에 연결된 수답은 수세를 내고, 봉답은 물 쓸 권리가 없으니 그러는 것이다. 가뭄에 물싸움 같은 일들은 세상 어디에도 흔한 일. 원래 앙심을 품었던 다툼이 아니니 비가 오면 절로 해소가 되는 일이다.
 봉답에 가뭄이 들면 농심은, 물은 위에서 아래로 흐른다는 만고의 진리를 깬다. 내 어릴 때에는 봉답에 물 퍼 올리는 일들이 너무 미개하여, 그로 쌀을 만들고 자식들 키우며 먹고 살아온 농심은 실로 억척이었다. 양동이에 물을 퍼서 말라가는 논으로 여나르는 아낙들, 물길인들 가까운가. 바가지로 나락에 물을 흩뿌리면 꼬였던 이파리가 금시에 살아나니, 이를 보고 어찌 수고로운 일을 마다하겠는가. 자식 입에 밥 드는 것, 마른 논에 물드는 것, 목이 굽도록 여날랐다.

  드레도 썼다. 길고 바른 나무 끄트머리에 큰 물통을 달고 다른 쪽은 손잡이로 써서 물을 퍼 올리는 도구. 철봉대 같이 나무를 얽어 이를 걸쳐놓을 지렛점을 만들고, 손잡이를 아래위로 움직여 지렛대 원리로 웅덩이 물을 퍼서 올리는 것이다. 달린 물통이 크면 힘도 크게 들고, 형제나 부부가 힘을 맞출 때에는 물도 처렁처렁 잘도 올랐다.

  기계를 써서 물을 퍼 올리는 것이 양수기였다. 기계로 양수기를 돌려 물을 올리는 것은, 상투 튼 영감 전깃불 보듯 신기한 일이었다. 그래도 부실한 기계와 양수기, 중간중간 새는 배관 때문에, 밤이슬 맞거나 모기에 뜯기며 밤을 새우는 일이 다반사였고, 이 모두 다 살기 위해서 그랬던 것이다.

  그 고생들, 풍년이나 흉년은 다분히 하늘의 일이었다. 요즘에는 예전 같잖게, 봉답도 적으니 물 푸는 사람도 적고, 쌀 고픈 이도 적다. 품 넓은 하늘이 긴 시간을 두고, 가뭄에 애쓰는 농심을 보았거나, 무심타 하늘 찌르는 무수한 손가락을 보고 있었던 것이다.

보리 구이

보리가 익어 갈 무렵이면 옛날 사람들은 배가 더 고팠다. 세상이 움터오는 이른 봄부터, 이런 사람들, 땅에서 오르는 힘을 찾아 밖으로 나갔다. 쑥을 캐어다가 밀가루나 쌀가루를 묻혀 쪄서 먹는 일들은 온동네 다반사였다. 송기를 벗겨 먹거나 오디를 따먹고 찔레순을 잘라 먹기도 하였는데, 그 계절, 그 시절에 배를 채우던 간식이었다.

봄기운은 사람을 불러 내었다. 밖에 나가면 눈에 띄는 모든 것을 먹는 것과 못 먹는 것으로 나눠서 보았다. 봄이 준 간식으로 자란 인생들은 몸도 마음도 봄기운에 젖어 살았다. 땅에서 나는 모든 건 햇것이 맛있는 법, 겨우내 지기를 받고 자란 터라 그럴 것이다.

하늘아래 첫 동네처럼 높은 밭둑 아래 자리한 밭의 첫 고랑은 다른 고랑보다 따뜻한 곳이다. 여기에 파종하여 난 보리들은 일찍 패고 일찍 익었다. 이런 보리, 푸른빛을 살짝 벗어나 노랑노랑 익어가는 보리를 구우면 일품 먹거리 햇보리 구이가 된다. 이삭 아래 첫마디를 꺾어 하나 둘 손에 쥐면 금세 꽃다발 같은 한 움큼의 보릿다발이 생기는데, 이를 손에 쥐고 이삭을 불 위에 굽는 것이다.

설익거나 농익은 보리는 맛이 덜하다. 몇 번 하다 보면 맛있는 보리를 구별하는 능력도 생긴다. 친구들, 형 동생, 여럿이 할 때는 맛이 더 좋았다. 산에서 구한 소나무 갈비로 구우면 솔향까지 배여 구수한 맛이 더 했다. 어른들 몰래 준비한 성냥을 그어 불을 붙이고, 각자 챙긴 한다발 보리를 구우면 보리가시부터 타고 드는데, 벌써부터 구수한 냄새가 코끝을 돈다. 이삭 모가지가 타서 덜 익은 채로 불에 떨어지면, 불과 재와 이삭을 잘 관리하여 구우면, 그 시절 그 계절의 맛 구운 보리를 맛볼 수가 있는 것이다. 당연히 어른들이 나서면 보리 한마당의 크기는 꼬마들의 반주깨비와는 판이 달랐다.

 구운 보리를 양손으로 감싸 쥐고 비비고, 입으로 불어서 껍데기 날리기를 몇 번 반복하면 드디어 입에 넣을 수 있는 보리 알맹이를 얻게 된다. 구운 은행알 같은 색이 나고 쓴맛 빼고는 식감도 질감도 대강 그렇다. 시키면 손바닥으로 알맹이를 입에 넣다 보면 족제비 얼굴처럼 볼때기가 검게 변해 있고, 서로 쳐다보며 웃는 것도 그 맛을 더했다.

 밀도, 콩도 가끔은 그리 해서 먹었다. 살아온 세월이 길어지면 돌아볼게 많아진다. 못난 것들 들춰 아파하기 보다는 좋은 기억을 찾아 웃을 일이다. 그 시절의 구운 보리는 별미였다. 그렇다고 해도 요즘에 들어 생각하면 사실, 그 맛이 얼마나 있겠는가. 배고파서 맛있었다. 그래도 지난 봄들의 먹거리를 생각하면 보리구이가 일등이다. 봄볕이 좋은 날, 고향으로 달려 형, 동생, 친구들과 보리구이 한마당을 지르고, 얼굴에 검정 칠이라도 하고 놀면, 봄볕도 웃을 것이다.

쌀

요즘에 들어 쌀에 잡곡을 섞어 한 밥을 영양식이라 하여 가정마다 즐기는 경우가 많다. 잡곡 중에 많이 쓰이는 것이 보리일 텐데, 이 나라 나이 지긋한 사람들은 사실 보리밥이 싫었고, 쌀밥 배불리 먹는 것을 원으로 하며 살았다. 가끔은 그 시절을 생각하며 보리밥 식당에도 가는데, 그게 싫었던 사람들이 무슨 일로 보리밥을 돈 내고 사 먹는지 이해가 잘 안된다.

쌀은 귀한 것이었다. 돈 보다도 귀했다. 지금에 비해 소출이 많은 품종이 없었고, 병충해로 생산이 덜했고, 관개시설이 미비하여 천수답이 힘을 못 쓴 탓이다. 쌀이 주가 된 경제였기에 '사다, 팔다'란 말도 쌀이 중심이었다. 시장에 쌀을 팔러 가는 사람은 '돈 사러 간다' 하였고, 이를 사서 오는 사람은 '쌀 팔아 온다' 하였다.

벼를 정미소에서 쌀로 찧어 오면 보통은 자물쇠까지 갖춘 안방 뒤주에 넣어 두었다. 마루에 두면 도둑이 들고, 용돈이 궁한 집안의 누군가가 손을 댈 수도 있기 때문인데, 술집에 가져가면 술이요, 과자 집에 가져가면 과자였다.

쌀은 오로지 밥하는 것이고, 명절이나 제사에 떡 하는 것

말고는 여느 주전부리로든 쓰는 것이 아니었다. 비 오는 날 둘러앉아 콩이나 보리를 볶아서는 먹어도 쌀로 그러지는 아니하였다. 생쌀을 간식으로 먹던 아이들도 간혹 있었는데, 벼락을 치거나 회충 생긴다는 등의 말로 막았다.

쌀을 만드는 벼는 하나 버릴 게 없었다. 탈곡한 짚은 소의 사료로 쓰였고, 마구간에 깔아 거름을 만들었다. 초가지붕을 이는데 쓰이며 새끼, 가마니, 멍석, 삼태기 등을 만드는 자료였고 땔감이기도 하였다. 벼를 정미하면 처음에 나오는 왕겨는 땔감이나 가축의 깔개 등으로 쓰며, 이들은 다 나중에 농사용 거름이 되는 것이다. 그 다음은 등겨인데, 가축의 영양가 만점인 사료이다.

근래에 들어 그 귀하던 쌀에 여유가 많아졌다. 그러니 '귀하다'란 말은 오히려 죽어가고, '흥청망청'이란 말이 더 흥하는 세상이 되었다. 누구든 경제적으로 여유로워 자식들 잘 키우고 주위에 베풀며 살고픈 생각들 클 텐데, 쌀처럼 귀한 것을 귀히 여기는 절약이 몸에 밴 다음에야 풍성한 세월이 와서 가능할 것이다.

보리밥 바구니

  옛날, 정지 앞 처마 밑에는 보리쌀을 애벌로 삶아서 담아 두던 바구니, 보리밥 바구니가 집집이 걸려있었다. 보리쌀을 쌀과 섞어 밥을 하면 쌀처럼 잘 퍼지지를 않으니, 미리 한번 가볍게 삶아 두는 것이다. 쌀이 귀했던 시절에는 여느 집 없이 보리 섞잖은 밥이 없었고, 보리쌀은 삶아도 안남미처럼 찰기가 없어서 여러 날 보관해도 쉬 쉬지 않기 때문이다. 보리밥 바구니란, 냉장고는커녕 전기도 없던 시절의 이야기긴 한데, 요즘에도 잡곡밥을 할 때에는 물에 담궈 불려 두는 등의 예비적 조치가 필요는 하다.
  바구니에 담아 뒀던 보리밥을 적당량 덜어 솥 바닥에 깔고는 가운데에 쌀을 안쳐서 밥을 한다. 가부장적인 권위가 여전했던 시절이라, 가운데 쌀밥은 어른 몫으로 먼저 푸고 나머지는 고루 섞어 갈라 먹는데, 쌀과 보리의 비율은 풍년, 흉년, 가정 형편에 따라 달랐다. 보리로만 된 밥을 꽁보리밥이라 하고, 상황에 따라 꽁보리밥이 주식인 경우도 더러 있었고, 미끈거리면서도 찰기가 없어 입안에서 겉돌던 그 맛은 쌀밥에는 아예 비할 수가 없다. 요즘 사람들이 옛 향수로 가끔 보리밥 식당을 찾기도 하지만, 시키면 보리밥이 싫었던 사람들은 여전히 그럴 생각이 없을 것이다.

　간혹 놀이에 빠졌다가 밥때를 못 맞춘 아이들이 식은밥 덩어리라도 찾다가 보리밥 바구니를 엎어서 퍼먹기도 하였다. 어른들은 미안하고 안쓰러운 마음에 기겁을 하는데, 어쩌겠는가. 허기진 배를 달랠 법은 쌀밥이든 꽁보리밥이든 밥밖에 달리 없던 시절이었으니까. 먹거리가 궁했던 시절을 경험한 사람들은 대체로 근면 성실한 삶을 살았다. 무슨 수가 있어도 밥은 벌어야 한다는 근간이 강해서 그럴 것이다.

　지금은 사라진 보리밥 바구니, 그를 걸어둘 처마가 없을뿐더러 있다한들 먹고 사는 단순한 일에 동질감이 부합하여 제비집 하나 오롯이 걸려 있을지도 모른다. 그나저나 옛날이라는, 그 시절에 물 흐르듯 했던 순박함의 옛날이, 현세를 채워 그런 그리움을 대신하기를 바랄 뿐이다.

우리 소

집안 아재를 따라 6. 25때 산중으로 피란을 갔던 우리 소, 근동 기차 굴에 떼도둑처럼 살던 인민군에 끌려가 생사가 불명이다. 아버지가 데리고 삯일도 갔던 소, 고삐 잡고 엎어져 썰매처럼 끌려가며 할아버지 하고 불러도 못들은 척 형을 끌던 소, 겨울에는 뒤안 따뜻한 햇볕 아래 만구천날 태평이었던 우리 소는 엄청 먹보였다.

논을 갈거나 밭을 갈거나 힘든 일 때문에 소를 키웠다. 황소는 큰 넓적다리를 가져 큰 씨름꾼 열도 넘길 것이다. 그럼에도 겨우내 얼었던 논을 애벌 갈거나 무논갈이에 지쳐 누워 있을 때면 측은한 생각이 든다.

겨울 농한기에는 그저 먹고 놀았다. 오른 힘을 주체 못하여 몸을 들썩거릴 때면, 앞에 얼씬거리다간 큰일이 날 수도 있겠다 싶다. 앞발로 땅을 긁거나 코를 벌렁거리며 어디 힘쓸 데 없나 씩씩거리며 뿔을 흔들 때면 호랑이 곰 잡을 기세다.

황소는 전생에 호랑이였을 것이다. 쌍꺼풀진 부리부리한 눈, 잘생긴 얼굴에 떡 벌어진 어깨, 호랑이가 그리도 원했다던 뿔을 두 개나 가졌고, 잘 익은 벼 이삭과 대추를 섞은 듯한 황적색 털을 가져 호랑이와 많이도 닮았다. 소 먹이러 가서는 간혹 황소끼리 싸움도 붙이는데, 상대를 재고 자시고도 없이 한 방 놓는 모습은 영판 호랑이다.

  황소는 힘도 세고 간혹 무서울 때도 있지만, 먹여주고 재워주는 주인도 알아보고 말귀도 더러 알아듣는 가족이다. 사람은 소를 뒤에서 고삐를 잡고 모는데, 이랴, 저라, 워 하면서 고삐를 당기거나 요령 있게 쳐서 신호를 주면 다 알아듣고 움직인다. 그럼에도 홀로서기가 아니되니 그 덩치를 해 먹이는 일이 쉽지는 않다.

  쇠꼴 베러 가는 일은 더러 아이들한테 맡겨지고 귀찮은 일이다. 친구들과 한창 노는 중에 나서야할 판이면 아예 소를 팔아버렸으면 싶다. 그렇다고 해도 낫 들고 꼴망태 메고 근동 산을 헤매다 보면 재수 좋게도 손도 안댄 억새 뭉치를 만나게 되고, 무릎께를 쓱싹 베어다가 소죽솥에 앉힌 작두로 썰어 소죽을 끓일 때에는 금방 어른 마음으로 돌아온다. 깨끗이 씻은 구유에 등겨 듬뿍한 소죽을 대령해서 잘 먹는 소를 보면, 익히 들어 알고 있는 자식 입에 밥 드는 에미 마음을 금방 이해한다.

지게

 지게, 지금은 흔치 않은 농기구 중의 하나이다. 짐을 얹어 등에 지는 운반도구인 지게는 농사에 필수품이고 고생의 대명사이기도 하다. 지게에 얹은 짐이 어깨를 눌러, 큰 부자 앞에 선 소작농처럼 짐 진 사람들, 허리를 굽히고 살아야 했다. 잘 먹어 배 나온 사람에게는 들뜨는 지게, 배를 곯아 등에 붙은 자들에게 맞아 들었다. 먹은 것도 없이 짐을 지고 살다보니 몸이 절로 지게에 맞은 것이다. 저변의 고달픔도 모른 채 개화기에 온 외인들은 그 편리함에 감탄하기도 하였다.

 지게로 살던 사람들은 삶을 대물림하고 싶지 않았다. 추우나 더우나 밖에서 일해야 했던 사람들, 달리 본 것도 없어서 면서기나 군서기 같이 책상에 앉아 펜대 잡고 일하는 사람들이 그저 부럽기만 하였다. 공부에 먼 아이들에게, '지게 하나 만들어 줄 테니, 먼 산에 가서 나무나 하고 살래?' 하면서 에둘러 말할 때에도 여지없이 등장하던 지게.

 지게는 저 먼 예부터 이 나라에 쓰고 살던 생활도구였다. 고려장에도 쓰였다 하니, 그 역사는 충분히도 오래일 것이고, 그런 만큼 얹고 살던 고달픔도 길었다. 지게에 스치는 모든 것이 인생의 희비애환이었다. 아재들이 지게에 아이들을 앉혀 가는 것처럼, 다정을 얹기도 하거니와, 새 삶을 꿈꾸는 혼수를 지게에 실어 멀리에 보내기도 하였다. 초상집 관을 사서 오거나 죽은 아이를 둘둘 말아 슬픔도 같이 싸서 지고 나가던 지게, 나무를 지면 나무꾼이요, 소금을 지면 소금장수, 병 급한 사람을 얹어 급히 달리던 구급차였다.

  우리의 애환을 통째로 얹고 살아온 지게. y자형 나무 두 개를 얽어 맨 단출한 물건, 편리하기도 하니, 여기에 기대어 살아온 세월이 길고도 길었다. 편리한 도구를 벗어나지 못하니, 평생 지게를 벗지 못하고, 평생을 지겟짐으로 살아왔던 사람들.

  고생고생하던 사람들, 그 애달픈 삶이 이제 이 세상에 거의 계시지 않는다. 추수 가마니를 들이면서 웃던 모습들, 비 젖은 짐을 얹으며 힘들어 하던 시절들을 되돌아보면 그리움이자 가슴 아린 날들이고 타산지석이기도 하다.

  그리움은 그리움으로 둬야 한다. 역사는 돌고 돈다지만 지게처럼 고생을 얹고 살던 시절이 다시 우리 세상에 와서는 아니 될 일이다. 반면에, 편리한 물건들을 별생각 없이 그저 쓰고만 있지는 않은지, 이를 대신할 무엇은 없겠는지, 가끔은 매의 눈으로 살피며 궁리하며 살 일이다.

왕잠자리 저수지

　동네 저수지 서편에 산물 드는 초입은 소낙비 따라온 황토가 바닥을 메워, 여름 한철 아이들 놀기에 딱 좋은 수영장이 된다. 황토물 수영장. 키 큰 형들이야 저수지 한가운데 맑은 물에서 놀지만, 아이들은 황토물도 흥감해서 잘도 놀았다.
　물장구 재미가 한창일라치면 한 토막 괴성, 형이 나를 불러 야단이다. 머리에 수초를 얹고 물속을 기면서 저수지를 도는 왕잠자리 잡기에 애를 쓰다가, 집에 가서 실 좀 가져와라, 마당 빗자루 좀 가져와라 외마디 심부름을 시키는 것이다. 암놈을 잡아 실에 묶어 날려 수놈을 꾈 요량인데, 한나절 앞도 못 보고 또 집에 갔다 오라 한다.
　나 말고는 누가 만만하여 큰소리를 치겠는가. 형은 항상 동생만 이긴다. 손을 들었다 놨다 하는 짓에 대들기도 여러 번이고, 늙으면 보자 했던 것이 내가 먼저 늙어 간다. 여름 땡볕 서덜길에 집이나 가깝나, 정수리 땡볕에 터덜거리는 걸음, 그 때 잡은 잠자리는 다 어쨌는지 모르겠다.
　왕잠자리는 머리통의 겹눈이 빨려들 듯이 영롱하고, 날개 붙은 가슴통이 장대할 뿐더러, 연한 녹색을 입어 절로 자연에 과객처럼 보인다. 특히 수놈의 꼬리 초입에는 청백이 말끔하게 깔려 그대로가 푸른 하늘에 흰구름이다. 반면에, 암놈의 색은 별로 내세울 게 없는데, 장끼와 까투리가 그리하여 진화하여 왔듯이, 인간의 눈에 안 보이는 매력이 따로 있을 것이다.

  동네 입구에 자리한 저수지는 대를 이어 고향 사는 형과 같이 그대로다. 그 시절 누구나처럼 도회로 나갔던 나는 학교로, 일터로 왕잠자리처럼 쉼 없이 살았다. 그런 세월들 다 가고 삶의 정점에 서서 보니, 이제 더 바삐 살 일도 그럴 필요도 없어, 형을 찾아 고향 찾을 여유도 많아졌다. 뒤돌아보아 부끄럽잖게 살았다는 자부심이면 그 궤적이 어떠하든 무슨 상관인가. 단지, 걸을 수 있으니 만나는 것이고 만나니 웃는 것이다. 왕잠자리는 오늘도 날고 있을 것이다.

수박 팔러 가던 날

 이슬을 흠뻑 쓴 수박 이파리들이 아침 햇살에 유리구슬을 달고 산뜻하다. 연녹색 진녹색, 힘센 손바닥 같이 싱싱한 이파리들, 그 아래에 옹기종기 모여 사는 수박 동네가 있고, 그 동네에 유달리 덩치 큰 아이 하나가 있었다.
 우리 형제들은 장에 가면 100원은 받겠다며 금을 놓고 좋아들 하였는데, 쌀 2되 값 정도의 큰돈인 것이다. 그걸 팔아 내 용돈으로 줄 것도 아니지만, 얼핏 설핏 소리에도 어른들의 사정을 알 정도의 세근은 있었다.
 장날, 리어카 한가운데에 그 수박을 장군 앉히듯이 하여 가는 엄마를 도와 따랐다. 무슨 일인가로 당번이 되어 어쩔 수 없는 노릇이었는데, 장에 가면 우무콩국 한 그릇 생기니 별로 손해 가는 일도 아니다. 그럼에도 촌티 엄마를 따라 리어카를 밀어 수박 장사를 가는 것은 예쁜 여학생들이 볼 수도 있고 하니, 실로 마음 내키는 일은 아니었다.
 우려가 현실이 되어 한 여선생님을 만났다. 그 분은 후에 우리들 동창회 때에도 몇 번 화제에 올랐는데, 그때 내 얼굴은 수박 속 만큼이나 벌갰을 것이다. 수박 하나 드려야 되나 마나, 내 소관도 아닌 곤란한 시간이 길었다. 아버지라면 몰라도 장에 가는 엄마 역시 그럴 사정도 아니어서, 리어카 뒤에서 보낸 계면쩍은 시간은 덥고도 길었다.

수박을 장바닥에 부리고 콩국 한 그릇을 사주고 닭 사료 한 부대 사 얹더니 리어카 끌고 먼저 집에 가라 하였다. 수박을 다 팔려면 하세월이고 난들 엄마 옆에 붙어 앉아 무얼 하겠는가. 짐을 실은 리어카를 끌고 오는 힘들고 긴 시간에도 그 수박 생각만 가득했다.

시장에서 돌아온 엄마는 아쉬운 표정 속에 80원을 받았다 하였는데, 우리 형제들도 한동안 엄마 같은 표정이었다. 100원의 기대가 80원으로 되었으니, 가벼운 만큼 오는 길도 가벼웠을 것이네. 덩치 값을 못하는 덩치는 세상을 좁게 할 뿐이지.

그 수박을 사 간 사람은 만족하였을까. 그쪽도 분명 아쉬운 부분이 있을 텐데, 사람 사는 세상에 양쪽이 다 만족하는 경우, 소위, 누이 좋고 매부 좋은 일은 어떤 경우에 생기는 걸까. 사람의 기대 수준 또는 욕심 수준의 높이를 낮추는 것 말고, 어떤 방법일지 생각해 볼 일이다.

입막음

그날도 우리는 사안터 밭가에 모여 놀고 있었다. 누나가 열두 살, 나는 여섯 살, 동생은 세 살, 사촌 동생 둘은 다섯 살, 세 살. 거의 그쯤의 나이, 누나 말고는 다 남자였다. 그날은 빈 깡통 하나 들고 놀았는데, 돌멩이가 들어 제법 무게감이 있었다.

무슨 사태가 났던지, 내가 그 깡통으로 누나 머리를 쳤다. 누나도 그걸 **빼앗아** 내게 그랬는데, 힘의 차이로 머리에선 피가 나기 시작하였다. 누나는 꼬맹이들 보고 시금치 이파리를 뜯어 와라 다급하게 일러, 상처를 덮고 또 덮어 응급처치를 하였다. 손바닥 두께 만큼이나 시금치 이파리를 덕지덕지 얹은 기억이다.

급한 불을 끄니, 누나의 다른 걱정이 시작되었다. 누나는 한동네에 사는 남의 집 딸로, 우리집에서 먹고 자며 우리를 돌보던 도우미였다. 식구는 많지, 먹을 것은 없지, 옛날 누나들은 입 하나 덜고자 남의 집에 보내진 경우가 더러 있었다.

대책 마련에 들었다. 누나가 가진 조그만 장난감, 볼 때마다 탐을 내던 그 파란 장난감 오리를 내게 준다는 것이었다. 안에 콩이 들었던지 달랑거리는 소리가 나는 플라스틱 오리였는데, 제안을 받았다. 누나로서는 한 고비를 넘은 셈인데, 다음에는 왜 상처가 났는지, 어른들의 물음에 대비해야 했다. 어린 나이에 영악들 하였다. 결국, 누구에게 죄를 씌우기로 하여 세 살인 동생 한 녀석의 짓이라 입을 맞추었다. 그 애는 아직 말을 잘 못하니 탄로날 걱정이 없었던 것이다. 그런 끝에 누나는 그 일로 질책 받지는 않았다.

흉터는 주마등이다. 그때 내가 받은 충격이나 흉터의 크기로 보아 봉합수술을 받아야 될 정도인데도 시절이 시절이었다. 어쩌다가 그 흉터에 손이 갈라치면 그때가 금방 눈앞에 온다. 사고는 다분히 사소한 실수에서 유발되고 순간적이며, 상처는 아프고 쓰라렸을 것이나 기억에 없으니 삶이란 치유의 연속이 아닌가도 싶다.

누나는 그 뒤에도 열두 살 소견 짧은 짓을 더러 하였고, 오리도 곧 깨어져 없어지고 마니, 어린 내 입은 여러 번 딸막거렸다. 그럼에도 파란 오리 한 마리의 약속은 여전히 지켜졌고, 살면서 어설픈 약속을 하지 않는 학습효과로 남았다. 그 흉터가 사람의 꼭 다문 입처럼 생겼기 때문일 것이다.

소죽솥 목욕탕

설이 가까우면 미리 사둔 설빔을 입어 보고, 신어 보고, 곧 올 설날에 얼마나 설레었던가. 곶감뿐인가 맛있는 과일도 갖가지고, 세뱃돈을 받아 딱총도 사고 풍선도 살 것이니, 설날은 우리에게 가슴 부푸는 명절이었고 한 살 더 먹어 의젓함, 뿌듯함도 함께 생기고 있었다. 어른들은 차례준비로 분주하였음에도 바삐 달려온 길 숨 고르는 것처럼, 섣달그믐께의 집안 분위기는 차분하고 정갈한 설을 두고 잘 추슬러 갔다.

우리들의 설 준비에 빠질 수 없는 것이 목욕이었다. 당시에는 농가의 문화 수준이 실로 초라하여, 백 가호가 넘는 큰 동네에서 욕조에서 목욕한다는 말을 누구한테도 들은 적이 없다. 봄여름가을에는 그저 우물가나 물 맑은 냇가에서 씻으면 그만인데, 옛날 사람들은 겨울 목욕을 어찌하여 넘겼는지 모르겠다.

어른들이 소죽솥에 목욕물을 데워 주면 그 안에 몸을 담궜다. 솥을 욕조로 쓰는 옹색함이 오죽하겠는가. 한겨울의 바깥 추위로 물 밖에 난 등부터 시려 온다. 둘이 들었다가 하나가 먼저 나가면 그 정도는 더 심했다. 물이 식어 아궁이에 불을 더 넣으면 솥바닥이 뜨거워서 앉는 것도 서는 것도 안 절부절 어쩔 줄을 모른다. 그래도 설이라는 설렘이 있었기에 소죽솥 목욕을 하였는데, 내 나이들은 그런 출신들이 더러 있을 것이다.

 소죽솥은 집에서 제일 큰 솥이었다. 두부를 만들거나 메주콩을 삶거나 막걸리 만들 고두밥을 찌기도 하였다. 가끔은 끓인 소죽을 따로 떠서 손발을 씻기도 하였으니, 용도를 맞추면 아니될 일이 없는 솥이었다. 학교 용의검사가 있으면 까매진 손을 소죽물을 조금 떠서 담궈 여물로 문지르면 요즘의 때타월은 비할 바가 아니었고, 동동구리무라도 바르면 아예 윤이 났다.

 지금 내가 사는 도시는 전깃불이 휜하고 차 소리에 귀가 아프고 아파트가 끝이 가물거릴 정도로 높다. 세상이 너무 급해서 날이 넘을 정도가 아닌가도 싶다. 내 집에는 욕조도 있고 가까이에 대중탕도 있어서 거기 갈 때면 소죽솥 목욕이 절로 떠오른다. 시설은 좋으나 어릴 때의 그 목욕 같은 설렘은 없다. 그저 하루를 마치는 일과 정도라서 밋밋하고, 공중예절 때문에 개운함보다는 기분을 망칠 때도 더러 있다. 사람 사는 환경이 옛날보다는 좋아졌다지만, 그때보다 행복하다는 생각이 별로 안 드는 것은 풍요의 역설일 것이다.

 날씨가 추워져서, 더워져서 새 옷을 하나 사와도 그저 몸가림에 쓸 뿐이고, 나가고 싶은 곳도 뽐내고 싶은 생각도 없다. 어쩌다가 체면치레 결혼식장 가는 정도인데, 어른이 되면 다 그런가. 한 살 더 먹는다며 뿌듯했던 기억은 무지개 곡선처럼 올랐다가 꼬꾸라진지 오래고, 세월은 새봄에 새싹

같았던 설렘을 다 잘라가 버렸다. 풍요한 만족은 빈곤한 설렘만 못하다. 묵은지에서 무슨 설렘이 나겠는가. 새 영화를 봐야겠다. 새 땅을 밟아야겠다. 아니면 설레던 기억이라도 더듬어야겠다.

갯방천

 휘영청 밝은 달이 앞산을 넘어오면, 동네 처녀총각들 저 아래 갯방천으로 몰려가는 소리 조용하지 못하다. 갯방천, 풀이 잘 자라 어디에 앉아 쉬든, 바람까지 잘 부는 여름밤이면 청춘들 쉼터에 더 이상 없는 곳. 썰물에 등을 훤히 내던 개펄도, 이리도 달 밝은 밤이 되면 민물 넘치는 밤바다가 되어 갯방천을 유혹한다.
 오늘 밤에 오른 달은 동그라미가 터질 듯이 탱탱하고 바닷물도 달 따라 한껏 부풀었다. 이 밤에 여기 온 청춘들, 빈약한 가슴을 달과 밤바다에 든 풍성한 기운 받아 사랑으로 채울 것이다.
 청춘들, 마음은 은빛 날개를 타고 오른다. 다만, 물꼬가 터지지 않을 뿐이다. 모여 앉은 처녀들은 말끝 마다 웃음보따리로 총각들을 흔들고, 총각들은 정작 귀만 열고 달 그늘을 깔고 앉았다. 바다로 고함을 치고 돌팔매질을 한다.
 미소 띠며 오른 달이 이미 중천에 온지 오래, 가슴에 한 조각 윤슬을 담으면 바닷물도 철렁철렁 박수를 낼 것이고, 소중한 말 한마디 오가면 달빛 가릴 꽃사태가 날 것이다. 가슴이 비었다 말들 하여라. 세상사 모든 일은 말로 시작이 된다.

막걸리

술독에 빨대를 꽂아 빤다. 달지도 않고 시지도 않고 처음 보는 맛. 어린 아이가 술맛을 보는 것이다. 감칠맛이 있어 또 그런다. 마고자에 달린 연한 호박단추 같은 색, 술독에 뜬 청주.

여러 날 전에 담아 방구석에 이불로 싸둔 술독에서 막걸리가 익어간다. 거품이 방울방울 괴는가 싶더니 어느새 술독 위에는 청주가 두텁다. 그걸 빨아 먹는 것이다. 어른들 몰래 하는 짓, 다들 술 마시는 사람들이니 핀잔도 없을 것이다. 청주 아래에 가라앉아 침묵 중인 것은 나중에 체로 걸러 마실 막걸리의 원액이다.

막걸리, 시큼 텁텁한 이 나라의 술이다. 배고픈 사람들의 술이었고, 제주로, 잔치에, 필요에 따라 빚어 다양하게 쓰던 우리의 술이었다. 약간의 향기 말고는 내세울 거도 없는 소주는 알코올과 물로 된 것에 반하여, 막걸리는 배를 세우고 흥을 돋우는 음료 같은 술인 것이다. 농사일에 기운을 주는 술이었고 결혼이나 회갑에 어깨춤을 추는 술이었다.

마시다가 시어빠진 막걸리를 항아리에 부어 두면 식초가 되었다. 중발이나 대접에 따라 붓고 고추장을 넣어 휘휘 저으면 초고추장이 되니, 막걸리는 김치나 간장 된장처럼 살림의 기본이 되는 식품이었다.

막걸리는 쌀과 밀과 물이 시간을 머금어 익어간다. 쌀로 고두밥을 만들고 밀로 된 누룩을 깨고 섞어 물과 함께 독에 넣어 긴 시간 발효시켜 얻는 술이다. 보리는 쌀처럼 분해가 쉽지 않은지 막걸리에 쓴다는 말을 들은 적은 없다.

추수철에는 여러 일손이 필요하고, 품삯이나 품앗이로 오신 아재 아지매한테 중참이나 밥때에는 반드시 곁들여 내는 것이 막걸리였다. 술은 못 마셔도 막걸리를 못 마시는 사람은 없었다. 막걸리가 없으면 허기가 져서 일이 제대로 안되니, 논밭에 나갈 때에 챙겨야 할 순위가 농기구보다 더 높았다.

막걸리는 술도가에서 만든 상업용도 있었다. 농가 사정이 그리 넉넉지 못한 탓에 집집이 막걸리를 담아 마셨는데, 나라에서는 밥할 쌀도 없는 판에 밀주라 하여 단속도 하였다. 동네 입구에 간첩 같은 사람이 나타나면 봉수대 같은 수단으로 온 동네에는 비상이 걸리고, 널어놓고 마시던 막걸리를 샛바람에 게 눈 감추듯이 숨겼다.

단속이란 것이 단순히 보여주기였던지, 집집마다 숨기는 비법이 따로 있었던지, 구장이 막걸리 한잔으로 돌려보냈던지, 어디 하나 동티났다 들은 적이 없다. 그러던 세월이 잘도 흘러 쌀로 막걸리 담기를 권한다 하니, 이 나라 생기고 이 무슨 신비로운 일인가. 음지로, 대대로 이어온 지역마다의 밀주 비법이 명품막걸리로 탄생하여 볕에 나와 춤을 춘다.

나락이 익어 추수에 일손으로 나온 아재들, 쉴참에 한가득 잔 들어 누런 이빨에 콧수염까지 담그고 단숨에 들이키는 아재들, 김치 한 가닥 안주하며 커, 맛있다며 일손 그대로 입가를 닦던 아재들, 그리운 세월들이다.

잿불

 아궁이에 땔나무를 모으고 불쏘시개로 불을 지피면 타오르기 시작하는 불길, 시커먼 솥 밑바닥을 데워 밥을 다하고는 연기로 사라진다. 나무로 밥을 하던 시절에는 불을 때고 남은 여열, 숯불이 가지가지로 쓰였다. 연탄화덕도 없고, 가스레인지, 인덕션레인지 등은 아예 개념조차도 없던 시절. 당장 쓸 일이 없는 숯불은 꺼 두었다가 한약을 다리거나 할 때에 따로 지펴 쓰는 귀한 연료였다.
 사람은 언제부터 불을 썼을까. 불로 추위로부터 생명을 지키고, 음식물을 익혔고, 어둠을 밝혀 활동시간도 늘었을 것이다. 불을 집에 들이고부터 사람답게 살았을 것이다. 아궁이에서 잘 타던 불길이 사위고, 숯불을 부지깽이로 잘 다독거려 정리하면 다용도로 쓸 수 있는 열원이 된다. 석쇠에 생선을 올려 굽거나 김을 굽기도 하고 된장 뚝배기를 올려 끓여 내기도 하였다. 숯불을 헤집고 고구마를 넣어 두면 최상의 맛, 군고구마가 되고, 별미 중의 별미 계란군밥을 만들기도 하였다.
 땔감은 종류도 많았다. 장작이나 나뭇가지는 불을 넣는 번거로움이 덜하고 좋은 숯불이 남기에 고급 땔감으로 쳤다.

솔가리도 훌륭한 편이나, 숯불로 볼 때는 장작에 미치지 못한다. 장작은 지피기가 어려울 뿐, 불만 붙으면 땔나무가 가진 산화성 인자들이 가시적으로도 고가치를 뿜는 위풍당당 불길이 된다. 잘 타는 불길을 물끄러미 보노라면 답답한 세상을 연옥에서 씻듯이 마음도 편하다. 요즘 말하는 불멍이다. 반면에 보릿짚, 볏짚은 겨우 밥이나 데울 뿐, 숯불로서의 가치는 거의 없다. 숯불은 그 외에도 숯다리미에 쓰이거나, 화로에 담아 영감 방에 들이면 난로가 되고 담뱃불도 되었다.

숯불에서 불기운이 빠지면서 잿불로 변해 간다. 이를 반반히 정리하면 은근히 달궈진 철판 같은데, 여기에 나락을 흩뿌려 보면 하나하나가 목화송이처럼 보송보송 피어나고, 변신 순간은 신기하고 예쁘다. 입에 넣어 남는 것은 별로지만, 팝콘은 아마 이를 보고 생겨났을 것이다. 계란군밥은 속을 비운 계란 껍데기에 쌀을 채우고 잿불에 반쯤 묻어 구워내는 제법 긴 인내가 필요하다. 누룽지 같이 고소하고 고두밥같이 쫄깃하며 귀한 계란 맛도 솔솔 나는 것이, 이것 하나 들면 그날은 무얼 더 욕심 낼 일도 없다.

장작불에서 인생이 보인다. 불쏘시개로 자란 여린 불씨가 금세 청춘의 불길로 맹렬하다가, 장년의 숯불이 되어 이글거리는가 싶더니 곧 사위어 잿불이 된다. 잿불은 일견 죽은 불이다. 긴 세월이 순간이다. 그럼에도 속을 뒤적거려 보면 반짝이며 피어나는 수많은 불씨들이 숨었다. 어릴 때에 곱게 안아 주던 손길들이 따습고, 마음에만 두었던 여학생도 피어나고, 살면서 만났던 여인들도 퍼뜩 떠올라 반짝거리다 죽는다.

잿불을 뒤적거리는 사람은 이 세상에 온지 오래된 사람이고 돌아볼 것도 많은 사람이다. 희로애락이 점철될 것이고 회환에 부끄럽기도 할 것이다. 어찌 좋은 것만 생각이 나겠는가. 웃고 기뻤던 세월만 골라볼 수 있다면, 과거를 일으켜 오늘을 더 보람 있게 사는 보약이 될 것이다.

담장

 사람들, 담쌓고 살면서 담쌓고 살지 말라 하네. 사람 사는 동네에는 잘살거나 못살거나 집집이 담장이 있었다. 흙담이거나 돌담이거나 그냥 울타리거나 아니면 탱자나무라도 심었다.
 부잣집일수록 담장은 높고 튼튼하였다. 담장이란 일정 범위에 테두리를 치는 일, 흙, 돌, 벽돌 따위로 둘레를 치고 사람 키 보다 더 높게 쌓았다. 밖에 보여서는 안될 것들이 많은 탓인가, 그럴수록 안을 기웃거리는 그림자가 더 늘어날 것이다. 마당에서 아이들이 뛰어 노는 소리, 깨끗한 빨래가 말라가고, 군데군데 심어 잘 크는 나무, 노랗게 붉게 피는 예쁜 꽃들을 두고 사람들과 공감을 하면 아니 되는 것일까.
 애당초 인간이 담장을 만든 것은 바람을 막거나 맹수로 부터 가정을 지키려 했기 때문일 것이다. 그러던 것이 점차 외부와의 차단막으로 변질되어 갔다. 현세에 들어 담장은 도둑을 막는 용도로 더 기이하게 변하였다. 담장이 높은 집에는 장물들이 많고, 이를 훔쳐온들 무슨 죄랴 싶은 사람들이 적잖은 까닭인가. 사람을 신뢰하여 만든 무인점포에도 훔치는 사람이 있다 하니, 인간을 믿는 방심을 다 갖다 쓸 수는 영원히 없을지 모른다. 넘고자 하는 사람, 막고자 하는 사람 사이에 담장만 높아 갔다.

  덩치 큰 동물들 다 이기고 생태계 최상위에 선 인간, 스스로를 영묘한 힘을 가진 우두머리라 하는데, 가만 생각해 보면 웃음나는 과찬이 아니겠는가. 인간은 주먹으로 싸우고, 이빨로 물어뜯고, 돌멩이를 들었고, 창이나 활을 만들거나 더 무서운 것을 만들어 싸우면서 진화해 왔다. 인간에게 진화의 정점이 있다면, 그건 이미 도달한 수준이 아니겠는가. 담을 높이는 일이나 넘겠다는 생각, 물질 때문에 생기는 부도덕한 일쯤은 생태계 최고수인 인간 세상에서 이제 없어져야 할 일이다.

  더 연장해서 본다면, 담장은 원시와 현시가 공존하는 상징물이며, 오래되어 귀할수록 국보, 문화재라 하여 중히 여기지만, 담장에 관한한 예외로 해야 한다. 담장을 허물어 속을 보이고 드나듦을 쉬 하는 편이 담장 때문에 생긴 편견들도 없어질 것이다. 큰 결과는 작은 시작에서 나오고, 이런 일들은 나라 간의 담도 허물어 인간의 마음도 발길도 넓힐 것이다.

  다행히도 요즘에 보이는 도시 밖의 전원주택들은 담장이 없거나 낮으며 미적인 감각도 뛰어나서 새로운 가치관이 열려가는 듯도 하다. 물을 가두는 최소한의 높이만 필요한 논둑처럼, 절로 경계가 되는 논둑 같은 담장을 만들 일이다. 담장은 마음을 가두어 열린 세상을 막아 온 그저 하나의 퇴물에 불과한 것이니.

썰매

그 때의 겨울은 지금보다 더 추웠다. 옷도 얇았지만 실제로도 그랬다. 고향 저수지에 찬 물이, 겨울이면 얼어 빙판을 만들던 것이 요즘은 얼지 않으니, 겨울 날씨가 따뜻해진 것은 분명하다.

옛날 겨울방학도 요즘처럼 크리스마스 바로 전에 시작하였다. 방학책 한 권 받아들면 야호, 소리로 팽개쳤다가 개학쯤에 찾아 칸을 메꿨다. 텔레비전이나 컴퓨터가 없었으니 방에서 뒹굴 일도 없고, 논둑에 불을 지르거나 연을 날리거나 저수지 얼음판 위에서 썰매를 타는 것이 거의 전부였다.

무심히 보면 그냥 물, 자세히 보면 얼고 녹고 신비한 물질이다. 아침 일찍부터 꽁꽁 언 빙판 위에 놀아도 몸에서는 열이 났다. 언 볼은 이래도 저래도 발갰고, 양말은 신었으나 장갑은 잃어버린지 오래다. 햇살이 풀리고 얼음이 물러지면 갈라진 얼음 사이로는 물이 오르고, 양말, 바짓가랑이도 젖어 올랐다. 잔디에 불을 질러 말리면 양말은 오그라들고, 내일은 제발 더 추워서 얼음이 더 단단히 얼기를 바라는 마음, 어른들과는 반대였다.

요즘의 아이들이 원하는 장난감은 부모에게 툭 던지는 한

마디가 바로 도깨비 방망이다. 어린 우리들은 거개가 직접 만들었다. 혼자서는 버거운 일도 친구나 형들의 도움을 받으면 완성되었다. 팽이, 자치기, 연, 썰매 등이 그런 것인데, 캡스톤디자인 능력을 어릴 때부터 키워 왔다.

썰매는 앉은뱅이썰매와 발썰매로 나뉜다. 앉은뱅이는 각목 두 개에, 두께가 있는 철사를 길이 방향으로 고정시킨 다음, 이 둘을 판재로 연결하여 쪼그려 앉을 사각형 판을 만들어 완성한다. 송곳도 만들었다. 형들은 썰매에 등산 스틱 같이 긴 송곳을 만들어 서서 젓기도 하였는데, 서양에서는 이미 스키가 대중화되어 있던 시절이었다.

발썰매는 스케이트를 동경하여 만든 원시형 스케이트다. 신발 길이 각목을 역삼각형으로 다듬어 철사를 댄 다음, 양옆과 앞뒤에는 못을 박았다. 옆의 못은 고무줄로 발에 묶기 위한 것, 느슨하게 묶으면 벗겨지고 탄탄하면 발이 아팠다. 앞과 뒤의 못은 갈 때와 설 때에 필요한 것으로, 발굼치를 들어 얼음판을 긁어 나갔고, 발 앞을 들어 얼음판을 긁어 진행을 죽였다.

썰매는 잘 나가거나 잘 넘어지는 상징물이다. 앉은뱅이든 발썰매든 얼음판에서 썰매를 타는 것은 세상 풍파를 이겨 나가는 경험과 실수를 놀이로 학습하는 것이다. 손도 발도 귀가 시려도 열심히 놀면 땀이 나는 것은, 열심히 일한 다음에 얻는 보물 같은 결과이다.

재료들을 새로 산 기억은 없다. 온통 뒤져 톱으로 자르고, 켜고, 구부러져 녹슨 못을 망치로 펴서 썼다. 굵고 곧은 철사를 구하기가 어려웠다. 영화 캐스트어웨이의 무인도에서

탈출하려는 주인공이 배를 만드는 장면이 생각난다. 궁하면 통하는 것이다. 요즘 아이들에게 과보호보다는 과실행의 기회를 주어 창안 능력을 키우는 편이 옳다. 다양한 경험치는 난관을 이기는 지혜로 변할 것이다.

  우리 세대가 당시에 했던 경험들은 사회 전반에 반영되어 창조력을 키웠고 양질의 생산력을 내었다. 이들은 경제력을 키웠고, 앞서가던 나라들과 어깨를 나란히, 또는 앞선 나라가 되는 데에 적잖은 기여를 하여온 것이 사실이다.

귀신이 나오던 길

　읍에 있는 장으로, 학교로, 근동 도시로 나갔다가 동네로 오는 길은 다섯 군데 있었다. 버무골 재를 넘는 길, 이발소 뒷길, 떡고개 길, 명자대 길, 개베이 고갯길. 낮에는 아무 문제가 없던 길이 어두우면 사정이 급 달라졌다. 귀신이 나는 것이다. 귀신은 손 하나 까딱 안하고도 인간을 갖고 노니 안 만나는 편이 옳다.
　버무골재는 범을 잡아 묻었다는 전설이 있는 세 갈래 길로, 갈래에 있는 삼각주 모양의 둔덕이 범무덤이라는데, 재 가까운 대나무들이 숙어져 길을 덮고, 바람 소리까지 더하면 범이 숨은 분위기와 제법 맞아 떨어진다. 범의 무덤을 파헤쳐 없애면 쉽게 넘을까만, 자는 범을 깨워 더 큰 동티가 날지도 모를 일이다.
　이발소 뒷길은, 초입의 도토리 숲을 지나면 곧 중키 정도의 소나무 숲길로 든다. 좌우에 더러 있는 무덤들에 눈이 가는 것은 당연하고, 간혹은 길이 된 무덤 꼬리를 밟아 넘기도 하는데, 이는 누워서 하늘 보는 망자의 머리를 넘는 일이다.
　떡고개에는 가묘가 많았다 들었다. 가묘란, 시신을 널 위에 거적을 덮어 수 년간 안치하였다가, 뼈만 수습하여 매장하는 전단계로, 온통 시신 냄새가 깔렸다 하였다. 비 오는 날, 스산한 안개까지 몰려와 우중충한 날이면 오른편 산에서 삭아 너절한 수의를 걸친 귀신이 곧 나올 분위기라. 아예 길이 없다 생각하는 편이 좋은 길이다.

명자대는 무서운 데가 길게도 깔렸다. 내를 건너 들판을 걸을 때는 별빛 아래 개구리 소리 낭만도 있는 길이다. 이 끝에서 만나는 명구산과 밤산 사이에는 귀신이나 여시가 꼭 나온다고 봐야 된다. 그를 넘어도 곧 만나는 효열비는 더 무섭다. 비를 세운 언덕배기 우묵한 곳에서는 아예 곡소리가 나듯 음산하고, 풀과 나무가 무성한 여름날에 비에 걸어 둔 붉은 천까지 펄럭거리면 상여집보다 더 험한 곳이 된다. 왜 좋은 의미의 효열비가 무섭게 변했을까. 무섭기 2등이다.

개베이 고갯길은 오른편 공동묘지를 스쳐 지난다. 오른손을 펴서 경주마 눈가리개처럼 하는 편이 옳다. 썩은 널빤지가 널브러진 파묘한 자리, 흰 사발 엎어 둔 애기장도 더러 있었으니, 애 귀신 어른 귀신 할 것 없이 스멀스멀 기어 나올 듯 무서운 길이다. 무슨 연유로 삿갓만한 애기장에 사발을 엎어 두었을까. 나푼나푼 크던 애기 밥 한 술 동냥하라는 어미의 심정일까.

어른이나 아이나 귀신 무섭기는 마찬가지. 그럼에도 어른들은 가끔 혼자서 걷던 밤길을 무용담처럼 말하곤 했다. 귀신과 씨름하고 묶어 두었더니 몽당빗자루더라는 말은 어른 입에서 나왔다. 인간에게 무서운 건 곶감도 범도 아닌 죽은 인간이다. 사람은 죽는 순간에 귀신으로 변하니, 살던 정을 끊는 방도가 그런 설정 말고는 없었을까. 귀신의 씨는 같이 숨쉬며 살던 인간이었기에, 인간은 결국 귀신을 습하며 사는 것이니, 익어 떨어져 귀신 된 것을 승화의 실實이란 관점에서 볼 일이다.

불놀이

 그 겨울에 정지에 불을 낸 건, 내 불놀이가 성공 직전에서 실패한 결과였다. 정지 안 갈비더미에 불을 붙였고, 끄겠다 생각했던 불이 점점 커지는 걸 보고는 말없이 도망을 가버렸다.
 대문 옆 배수로에 놀란 꿩 숨듯 하고 있다가 붙들려 나와 할아버지 앞에 세워졌다. 청에 걸터앉은 할아버지, 거기에 선 나, 할아버지 앉은키 보다는 살푼 컷을 것이다. 소리 내어 울지는 않았고 눈물만 흘렸다. 마당에는 불 끄느라 애쓴 아재들이 막걸리 잔을 들고 키득거리고 있었다.
 정지에서 빨래 삶던 아지매 옆에 쪼그리고 앉아 부석에 드는 솔갈비의 황홀한 불땀을 구경하던 겨울 한 날, 혼자 남아서 불놀이를 하였다. 부지깽이에 불을 붙여 뒤의 갈비더미에 옮겨 붙여 나의 불을 만들어 놓았다. 불이 타올라 커지면 밟아서 끄곤 하였다. 어차피 불은 끄면 되는 것, '불놀이 하면 밤에 자다가 오줌 싼다'는 소리는 아랑곳없었다. 마지막이라 생각한 불이 너무 커져서 안 되는 일이다 싶어서 도망을 갔던 것이다. 침착했더라면 성공을 했을 것이고, 출중한 능력을 확인하고 또 다른 신나는 놀이로 넘어 갔을 텐데 아쉬운 대목이다.

  불놀이, 그 학습효과는 사는 동안 늘 마음 바닥에 있었다. 사람이 살아오는 길마다 불을 붙이면 타오를 각양의 갈비더미가 즐비하고, 여기에 불을 지피면 어떤 결과가 올지를 두고 겪는 갈등이 어디 한두 번이겠는가. 황홀한 불땀을 상상하기도 하고, 눈앞에 온 실패가 두렵기도 하다. 이쪽저쪽을 두고 망설일 때에 언제나 옆에 섰던 그 불놀이, 침착하면 성공한다는 학습효과는 살아오는 동안 좋은 지침이 되었을 것이다. 매사에 심사숙고하여 통 크게 벗어나 보지 못한 소시민 하나가 비단 나뿐일까만, 맑은 하늘 아래 조용히 살고 있는 대부분의 내 이웃이 그런 사람들 아니겠는가.

사람 & 기계

사람은 노동의 댓가로 임금을 받는다. 일터에 들인 에너지가 임금으로 바뀐 것이다. 이를 임금/시간,으로 보면 시간당 임금이 될 것이고, 좀 딱딱하게는 효율, 즉, 들인 노력과 얻은 결과의 비율이라 봐도 얼추 맞다. 사람은 효율을 높이기 위해 기본을 쌓고, 좋은 직장을 찾고, 열심히 일을 한다. 친절하게 또는 목소리를 높여 늦은 밤까지 장사를 한다. 부모된 사람들은 아이들을 효율 높은 사람으로 키우기 위해 음으로 양으로 뒷바라지를 한다.

사람은 태양광이나 연료전지 혹은 가솔린엔진 디젤 엔진 같은 분야에서 일을 하기도 할 것이다. 이 사람들은 시스템을 개선하거나 부품을 개발하는 등의 일을 할 것이며, 이러한 일들은 시스템 전반의 내구성을 향상시키고 개별 기기의 효율을 높이는 것으로 귀결 되어, 결국은 사람의 효율을 높이는 일과 맞물려 돌고 있을 것이다. 이런 일들은 비단 그 뿐 아니다.

효율이란, 이를테면, 태양전지의 효율이란 얼마 만큼의 햇빛이 들어 얼마 만큼의 전기가 나왔는가를 따져보는 일이다. 즉, 조사한 태양에너지 대비, 얻은 전기에너지의 백분율이다. 효율은 높을수록 좋은 것이나 아쉽게도 사람이나 기계의 효율은 100%가 될 수 없다. 사람은 욕심 때문에 그렇고 기계는 그럴 수 없는 법칙이 있기 때문이다.

　인간과 기계는 유사한 점이 많다. 즉, 대체로 수명이 정해져 있고, 고쳐서 쓸 수 있으며, 무리해서 쓰면 금방 고장이 난다. 즐기는 술이 아니라 마셔서 없애기 위한 술인 듯이, 또는 무리하게 부하를 걸어 엔진을 고속으로 돌리면 몸이든 기계든 금방 요절이 난다. 다음으로, 아무 일도 안 하고 돈을 벌 수는 없고, 아무 에너지도 안 준 기계가 일을 할 수는 없다. 아니 그러면 사기꾼이요 영구기관이라 한다.

　현대사회에 들어 사기꾼은 더 늘어난다. 아니 된다는 법칙을 알면서도 영구기관을 개발하려는 사람 역시 적지않다. 남의 노력을 탈취하는 일, 허황된 꿈을 꾸는 사람들이 만년에는 결코 웃을 수 없을 것이다. 하늘이 개과천선을 두고 잠시 뜸들이고 있고 헛일이라는 것을 다 알고 있기에 하늘이 도울 일은 없기 때문이다.

　그렇다고 하더라도 효율 100%를 향한 인간들의 열망, 과유불급을 잘 알면서도 결코 무용의 물은 아니었다. 끊임없이 애쓴 결과로 임금을 높여 그 보람을 얻었고, 기계의 효율을 인간 한계까지 높여 인간의 문명발달을 이루는데 기여한 바가 크기 때문이다. 어느 것이든 마찬가지다. 열심히 일한 사람들 쉴 때 잘 쉬고, 시스템이나 기계 역시 헌 곳을 잘 살펴 잘 쓰면, 완충장치 단 달구지처럼 가는 길 털컹거리지 않고 잘 굴러 갈 것이다.

어머니의 일기예보

'뒷집 아재, 오늘 비가 오겠심니꺼?' 어머니가 구름 낀 하늘을 두고 묻는 말이다. 답이 곧 울타리를 넘어온다. '저쪽 소오산에 구름 보니 초저녁에 틀림없이 비가 올끼다.' 집에는 라디오조차 없었고, 있다한들 일기예보가 동네 천기박사보다도 못 하던 시절. 동네마다 나름 천기박사들이 있었고, 가뭄에 던진 한 마디가 어쩌다 맞기라도 할라치면 주가가 올랐다.

어머니는 사실 그 아재한테 묻지 않고도 비를 아는 희한한 방법이 하나 있었는데, 내가 보기에는 타당성이란 아예 없고 비를 맞췄던 기억도 없다. 서쪽 하늘에 뜬 초승달 옆에 작은 별 하나가 따라가면 곧 비가 온다는 것이다. 달이 돌고 돌다가 어쩌다 나는 그런 그림에 어머니는 무슨 일로 비를 갖다 붙였을까. 그거 말고도 내가 들어서 아닌 말들도 더러 하였는데, 약탕기에 인삼을 다려 보면 넘친다는 것이 그런 것이다. 인삼은 힘이 세어서 그렇다는 희한한 이유를 갖다 대기도 하였다.

푸르스름했던 하늘에 어스레한 기운이 밀려 오면, 유리에 실금 같은 초승달은 유달리도 슬프다. 어미젖을 못 빤 불쌍

한 달이고, 서둘러 집에 가야 하는 달이며, 배고픈 나그네의 달이다. 하늘색이 그러하니 처량도 하거니와 쓸쓸함이고 애잔함이라, 어머니는 거기서 마음의 비를 보지 않았을까. 소박맞은 여인이 애 하나 걸려 친정에 쫓겨가는 그런 그림일까.

달이든 별이든 인삼이든, 어머니에게 그런 말을 들을 때마다 나는 꼭 아니란 반박을 하곤 했다. 달과 별은 저리 가까운 때가 있는 것이고 인삼이 넘치는 것은 힘하고는 상관 없다며 가르치려 들었다.

세월이 한참이나 지났다. 어머니의 말을 긍정적으로 듣거나 그냥 넘겼어야 될 일이다. 학교 문턱에도 못 간 어머니가 농사일로 만든 돈으로 다녔던 학교, 그 얇은 지식으로 까칠하게 짚어야 했을까. 그게 무슨 큰일 날 일이라 그리도 퉁명스러웠을까.

세근이 좀 들어 주변을 둘러보니 아무도 없다. 무심히 본 서쪽하늘에 별을 데리고 가는 초승달이 보이면 한참이나 서서 보고 있다. 그래도 비는 오지 않고, 눈물만 난다.

할아버지의 갓

　옛날 사대부가의 남자들은 한복에 두루마기를 입고 갓을 쓰는 것이 격식 갖춘 나들이 차림이었다. 상투 머리에 이마 중간까지 오는 탕건을 쓰고 그 위에 올려 쓰는 것이 갓인데, 끈이 필요하여, 귀 옆으로 내린 두 줄을 턱 아래에서 매듭하고, 여분은 아래로 살푼 늘여 두는 것이 멋이기도 하였다.
　내 할아버지도 그런 갓이 하나 있었다. 창호지 함에 들어 큰방 벽에 늘 걸려 있었는데, 가끔 꺼내 매만지곤 하였다. 갓을 쓰고 외출하는 것을 본 기억은 없고, 갓 쓴 모습은 단지 회갑기념사진에서 뿐이다. 할아버지는 갓을 만지면서 무슨 생각을 하였을까.
　나이 여섯에 아비가 돌아가시고 홀어미 밑에서 자랐으니, 서당에 다니거나 과거를 보는 등의 여유는 없었을 것이다. 500년 전에 그의 할아버지가 우의정을 지냈으니 양반가의 자손임은 맞는데, 거슬러 올라 그 세월이 얼마더냐. 긴긴 세월은 할아버지를 그저 밥만 먹고 사는 평민으로 만들었다. 그럼에도 목이 긴 사슴 같은 양반의 향수는 사는 중에 문득문득 남실바람처럼 일었을 것이다.
　할아버지는 양반, 상놈의 짓이 어떠한지 우리에게 시도 때도 없이 일렀다. 성이 무엇이냐, 본관이 어디냐 등을 묻는 것이 그 시작인데, 의미도 잘 모르면서 우리는 그저 외기만 하였다. 왜 차렷 자세로 답을 해야 했던지는 모를 일이다. 겸상에 어른보다 수저를 먼저 들어 먹지 말고, 맛있는 반찬에 손을 자주 내거나 멀리 뻗어 먹으려 말고 등의 밥상머리 교육이 많았다. 잿불을 안 쬐는 양반처럼, 사는 일 때문에 이루지 못한 사대부의 꿈을 우리를 교육하는 갓 쓴 훈장이 되어 대리 만족했던 것일까.

회갑 사진 속의 할아버지는 회색 두루마기에 갓을 쓴 멋있는 수염의 남자로 계시다. 할아버지에게 그 갓은 어떤 의미였을까. 양반이 되었다가 훈장이 되었다가 세상 풍파 헤치는 노櫓가 되기도 하였을 것이다. 갓을 만지는 것은, 자존법에 최면을 걸어 흐트러진 매무새를 가다듬는 시간이었을 것이다. 할아버지의 갓이 내게는 무엇일까. 중구난방, 가정교육이 무엇인지, 멋대로가 많은 이 세상에 양식 있는 현대인의 멋으로 살라는 일종의 지침판으로 여겨야겠지.

할아버지 가시고도 그 갓은 한동안 그대로 있다가, 한 날, 연기가 되어 홀연히 사라졌다. 아버지의 꿈에 할아버지가 그 갓을 찾았기 때문이다. 손자를 찾아온다는 우의정 할아버지 소식에 양반가 자제로서의 예를 갖춰서 절이라도 올려야 했을까. 할아버지는 오늘도 아마 애장품인 갓을 쓰고 훈장 놀이를 하실 것이다.

우리 할아버지

1896년생 우리 할아버지, 우리 형제 위로 셋은 언제부터 할아버지와 함께 자게 되었는지 기억들이 없다. 할아버지는 살던 집을 헐고 그 자리에 같이 사는 아들과 새로 집을 지었는데, 본채에 방 3개, 부엌 딸린 기와집이었다. 그 집은 후에 손자가 또 헐고 새로 지었으니 3대 격세지감이라.

할아버지는 아침 밥상을 기다리거나 등잔 아래 옹기종기 할라치면, 옛날이야기를 하곤 하였다. '이리 좋은 세상이 올 줄 알았나. 성냥이 있었나, 석유가 있었나. 부석 잿불로 불씨하여 대를 잇고, 불 동냥 가는 거는 부끄러운 일이라.' 간혹 할머니는 이야기의 전후도 모르고 '또, 잔소리.' 하다가, '뭐이라!' 한 소리에 쏙 들어가는데, 처음부터 상대가 아니었다.

할아버지는 여섯 살에 아버지를 여의고 홀어머니를 도와 논밭을 가꿔야 밥술이라도 뜨니, 벌써 열두 살에 거름장군을 져서 논밭으로 날라야 했다. 지게에 바가지를 얹으면 힘에 부치니 세 살 아래 동생이 들고 따랐다더라. 비료가 없던 시절이라, 사람 뒷거름은 물론, 이른 새벽 쇠똥 망태를 메고 골목길을 돌며 우수마발을 거둬 거름으로 썼다 하였다. 동생은 장가들어 한동네에 가까이 살았는데, 그 손자들 하고 우리는 친형제처럼 잘 지냈다.

사람 사는 일이 항상 좋을 수만 있는가. 한 집 건너 살던 손위 사촌한테는 적잖이 구박을 받아, 제비 새끼처럼 듣고 있던 우리는 한참을 억울해 하였다. 형을 때리면 큰일 나는 시절이라던 할아버지, 그에게 시달리던 어린 할아버지를 생각하면 불쌍하고 가엾다. 그를 잘 보살펴야 했던 그의 아버지는 왜 그리도 빨리 돌아가셨을까. 괴롭히던 사촌이 소 먹이러 나갔다가 소한테 떠받혀 죽었다는 말에, 우리는 일순, 영화 주인공이 악당을 물리치는 장면을 보듯 하였다.

할아버지가 억울해 하던 일 중에 또 하나는, 6. 25 때 동네 근처 기차 굴에 똬리 튼 인민군한테 황소를 빼앗긴 일이다. 황소는 피란에도 데려갔던 살림 밑천이었다. 놈들은 당시 경찰이었던 큰아들 행방을 총구로 묻거나 하여, 할아버지, 할머니는 온몸에 생채기로 고생이 심했다. 세상 제일 겁난 것이 전쟁이라던 어머니의 말로, 총구 앞에 놓였던 조부모의 심정을 충분히 헤아리겠다.

농한기에 멀리 목수 일을 나갔던 할아버지, 지름길로 귀가하던 산중에서 도둑들을 만났을 때 어깨에 멘 큰자귀를 질끈 잡고 '이게 뭔지 알겠소?' 라는 한 소리 어깃장이 통했다 하였다. 그들이, '간도 크요, 이 고개를 넘으려 했소' 하더란다. 짙은 소나무 산 칠흑 같은 밤이라 하였는데, 사실 얼굴이 안 보였을 뿐 한 다리 건너면 아는 사이 아니었을까도 싶다.

가출한 큰아들이 발병했다는 소식을 듣고 갔던 만주 봉천에서, 길안내하던 녀석이 생트집을 잡아 한주먹 올렸다는 무용담, 열흘도 더 걸려 아픈 아이를 데려와야 했던 고생담, 나중에 그 아들이 잘살아 할아버지 지갑은 늘 두둑하였다. 손자들한테 이야기가 좀 먹히니 가끔은 싸움의 한 수도 일렀는데 커서 보니 별 수는 아니었다.

할아버지는 힘만으로 살지는 않았다. 엄마한테 업혀 들에 나온 손자가 등에서 잠들자 당신 옷을 벗어 싸서 가마니 안에 재우던 모습. '애야!, 이 논둑 저 끄트머리 언덕에 가면 마른 풀로 덮어둔 딸기가 있니라.' 공부에 젬병이던 한 손자에 혀를 차면서도 그에게는 지갑을 잘도 열었다.

할아버지의 증손 하나가 백 년 후에 났다. 그 아이가 아이를 얻으면 아마도 그의 할아버지도 옛날이야기를 할 것이다. '이리 좋은 세상이 올 줄 알았나.' 할아버지는 파란만장의 인생, 산전수전의 노장, 집안의 기둥이다.

우리 할머니

　손자들 생일상은 안 빠지고 챙기던 우리 할머니. 미역국이나 생선을 올린 보통 상에, 큰방 뒷문 앞에 두고 비손하는 것이 특이하였다. '제앙님네 제앙님네, 우리 손자 어디 가더라도 귀염 받고 무탈하게 해 주이소. 다 제앙님네 덕분으로 알겠심니더.' 제앙님은 음지를 관리하는 신이란 생각으로 뒷문 앞에 차렸을까. 세상사 좋은 일 열 번 보다 나쁜 일 한 번 없는 편이 나을 것이다. 촌 할매의 꺼칠한 손에서 나는 '싹싹' 소리에 제앙님이 감복하였던지 우리 형제 다섯은 동네 여느 아이들처럼 무탈하였다.
　아이구, 우리 손자 밥숟가락 좀 보소, 얼마나 큰지, 부자 살겠다. 부자는 할머니가 미리 질러놓은 일종의 주술일 것이다. 살면서 부자를 보장받은 착각도 은연중에 하였는데, 그도 받개 나름이니 할머니에게 미안한 일이다.
　할머니는 그 말고도 집안에 잡귀를 막는 방도를 더러 하였는데, 동짓날에 팥죽을 뿌리거나 섣달 그믐날 집안 곳곳에 불을 밝히는 일 등이 그것이다. 잡귀는 붉은색에 겁을 먹고 사립 밖에 웅크렸다가 정초에 어둠을 파고드는지, 할머니가 돌아가시고 집안에 동티가 더러 났던 것은 그 방도가 약해진 탓이리라.

 열 손가락 깨물어 안 아픈 손가락이 없다 하여도 종잇장 같이 얇은 친소 관계는 있을 것이다. 할머니는 슬하에 오 남매를 두셨고, 친손주만 열이 넘는데, 우리 형제는 오직 우리 할머니로만 알고 살았다. 동냥 온 사람들 그저 돌려보내는 일 없고, 탁발 나온 중한테는 시주가 후했다. 살다가 내게 어찌어찌 좋은 일이 생기면 우선 할머니 덕이라고 생각해 놓고 본다.

 할머니는 조바심을 달랜다는 말을 들었던지 늦게 담배를 배워 피웠다. 도회에 사는 아들네에 가면 촌 아들 걱정이고, 오면 또 저쪽 걱정이다. 담배는 늘 할아버지가 사 두셨는데, 겉으로는 아닌 척, 은근히도 도타운 정이 그 어려운 시절 긴 세월을 해로 하게 하였을 것이다.

 가을 일 힘든 줄도 모르고 과외로 늦은 손자 마중 가던 할머니, 슬하를 떠나 멀리에 공부 간 그 손자를 들먹이며 밭매던 손으로 눈물도 여러 번 훔쳤다는 말에, 할머니 죽으면 따라 죽겠다던 그는 정작 장례식엔 코빼기도 안 보였다.

 고향 마을 입구, 드나드는 사람들 지척에 할아버지할머니 산소가 나란하다. 먼저 간 할아버지를 무슨 일로 그리도 급히 따랐던지, 칠십 넘게 시나브로 스민 희로애락에 부모가 준 이름 八十을 잊었던가.

우리 아버지

논둑에 앉아 발을 물에 담그고 토당거리노라니, '아가, 여기 논 갈던 사람 못 봤나?' 열네 살 소년이 아버지 대신에 무논갈이 삯일을 가서 잠시 쉬고 있을 때에, 논임자가 중참을 갖고 와서 하는 말이다. 어른이 되어도 작았는데, 아가, 소리 듣던 아버지는 어떠한 소년의 꿈을 가졌을까.

열네 살의 쟁기질은 쉽지 않은 일이다. 하나만 봐도 열을 안다고 모든 일을 뒷손 안 가게 잘 처리하셨다. 일 잘하는 아들이라 그랬던지 소학교도 안 보낸 부모를 원망도 더러 하였는데, 읽거나 쓰거나 산수도 훌륭하셨다. 나중에 도회에 나가 건설 쪽 일을 하실 때에, 헤베, 루베 등을 계산할 때에 부딪히는 셈이 어렵다 하였다. 혹시 우리에게 부끄럽지는 않았을까. 계산기 하나 사드렸으면 됐을 일을, 세근도 없이 학교만 다니던 시절이 미안한 일이다. 여느 부모님처럼, 자식 공부 챙기기 일등이었는데, 그 마음 반만 통하여도 우리 형제 모두들 빛이 났을 것이다.

걸음마를 떼고 흙바닥에 앉아 놀던 아기 때에는, 무슨 일인가로 귀에 차돌멩이를 넣고 놀기도 하여 꺼내느라 애를 먹었다 하였다. 나이 들어서 귀가 안 들려도 좋으니 좀 오래

사시지. 아버지를 생각하면 눈물이 난다. 형제들과 술잔으로 아버지를 그리면 더 그렇다. 아버지가 못 사신 세월을 사는 지금도 그렇다.

중학 방학을 집에서 보내고 개학 맞춰 집을 나서던 어느 새벽, 호롱불을 들고 들판을 달려 서울 기차를 쫓아 잡아 주던 아버지는, 외국에서 공부할 때에는 병상에서 힘없는 손만 겨우 들던 모습이었다. 그 짧은 생애, 나는 하나 드린 게 없다. 갑자기 나가야 될 일에 변변한 양말 하나 없다고 투정하던 걸 생각하면서, 양말이라도 잔뜩 사겠노라 약속 같은 걸 하지 않았던가.

작은 키에도 매사에 당차고 다부졌던 아버지는 우리 속담을 들어 하는 이야기도 재밌었다. 막냇동생은 가끔 그 속담을 적어 두기도 했다는데, 반쯤만 닮아도 큰 능력이다. 많이도 못하는 술에 이 세상에는 잠깐만 계시고 말았다. '몸뚱이는 그냥 마음 따라다니는 줄 알았다'던 아버지, 다섯 남매 챙기느라 내실, 몸 챙길 여유가 있었을까. 회갑 상 대신에 건강검진을 받았더라면 하고 아쉬워 하던 어머니, 그 말은 우리 모두에게 더 진한 아쉬움을 남겼다.

우리 5남매, 가슴에 남은 아버지는 각자 어떤 모습일지, 많지도 않은 유산에 앙금이 남았다면 미안할 일이다.

우리 어머니

시부모, 다섯 아이, 머슴 셋, 가축들, 우물도 없이, 밥 차리고 치우는 일만도 태산이다. 빨래는 얼마나 많던지, 동서가 같이 살 때에는 장마철에 아이들 기저귀가 안 말라 솥뚜껑에 널기도 하였단다. 시아배의 겨울옷 수발이 힘들었다 하였다. 씻고 벗고 두 벌뿐인가 하였더니 시어매 별세하고 보니 여벌도 많더라며 원망하였다. 시부모 수발이 어설퍼 소리가 날라치면, 효자 아들이 벼락 같이 나서니, 남편 시집살이도 만만치 않았다. 살아남는 아이들이 귀했던 시절에 얼러 커서 온 시집, 대가족 살림살이가 쉬웠겠는가.

같이 일하다 와서 갑자기 외출복을 내라는 남편, 흙손 털고 내는 옷이 빛날 리 만무하다. 남편의 닦달에, 내 어릴 적엔 아내란 세상에서 젤 미운 사람인줄 알았다. 엄마는 주로 들판을 찾았다. 아무 소리도 없는, 일만 하면 되는 들판. 그래도, '지금이 가을 막 끝낸 겨울이면 좋겠다.'며 일을 겁내기도 하였다. 세월이 가고 아이들이 크고 시부모도 세상 버린 다음에는 남편도 많이 가라앉았는데, 효자 소리를 듣고 사는 남편의 '어쩔 수 없는 효자' 노릇에 엄마는 많이 힘들었을 것이다.

첫 월급 받아서는 금비녀를 선물하였다. 어릴 때 보았던 할머니의 금비녀가 빛나 보였기 때문. 여유가 없었던지 그건 곧 안 보였는데, 용돈이 부족해서 그랬을 것이다. 외국에서 공부하는 동안, 아내 혼자 외벌이 살림에 학비를 보냈으니 가계가 온전했겠는가. 다른 형제들 사정은 어땠는지 모르겠다. 농사짓는 큰아들은 드려도 안 받는다 하였는데, 농사로 만든 돈에 마음이 아팠을 것이다.

안 아픈 손가락 있을까. 소머리를 사 와서 고왔을 때, 사촌은 잘 먹고 큰아이는 안 먹어 속이 상했다는 말은 표정에서도 잘 읽혔다. 홍진에 고열인 아이를 들쳐업고 시어매와 침쟁이한테 갔다 나오며, '아기 나으면 떡 해 오겠심니더.' 하고는, 못 해서 미안하다던 모습, 오는 길에, '아가! 하니 웃는다.'는 시어매 말을 그대로 전하며 미소가 한참이나 고왔다. 셋째 낳고 세 이레 만에 시아배 회갑에 돼지 세 마리 잡고 시끌벅적했는데도 애가 무탈했다는 것, 고명딸이 유달리 당신을 잘 따른다며 은근 좋아하였고, 막내를 업고 시장에 물건 팔러 가서 준삼이 가게에 재워놓으면 한참이나 잘 자서 고마웠다는 이야기가 기억에 남는다.

여자의 일생, 6. 25 인민군에 시달려 세상 젤 무서운 건 전쟁이라던 어머니, 시집살이에 농사일에 아이들로 고생하다가 좋아하다가 애태우다가……. 행복하였을까. 버거운 농사일에 옷 때문에 희비가 많았던 어머니는, 설, 추석 명절에 진갈색 두루마기, 모시 두루마기를 우리에게 해 입히고는 양반가 형제를 보듯, 흐뭇해 하셨다.

싫든 좋든 부부는, 국에 든 무처럼 있는 듯 없는 듯이, 서로 등받이가 되어 빈자리 허전함이 없어야 행복일 텐데, 먼저 떠난 지아비 동네에서도 여전히 닦달 속에 계실까. 공부하던 나라에 와서 보이던 눈물이 이제나저제나 옆에 있는 모성이다.

오늘은 내가, 내일은 네가

　죽는 것은 사는 것의 연장이다. 죽은 사람은 땅속 한 길 깊이 살고 산 사람은 그 땅을 밟으며 사는 차이 뿐이다. 죽은 사람들은 보통 공동묘지에 모여 산다. 우리와 살던 사람이었고 죽었다는 이유로 여기 살 뿐이다. 공동묘지는 그 전에 죽은 사람, 더 전에 죽은 사람도 같이 사는 곳이다. 나이순으로 온 건 아니다.
　공동묘지, 마을이 생기면서 절로 생겨났다. 살아생전에 산도 있고 전답도 더러 있던 사람들은 자기 땅에 묫자리를 봐두기도 하겠지만, 땅 한 뙈기 없던 사람, 형편이 그렇지 못한 사람은 공동묘지로 갔다. 남의 집 문간방에 눈치로 살던 전객들도 거기서는 자기 땅 갖고 사니, 죽어서는 오히려 마음이 편하다.
　공동묘지는 보통 동네에서 바로 보이는 곳에 두지 않았다. 동네에 망조가 든다는 속설 때문이다. 보통은 야산 비탈에 있고, 요즘의 공원묘원처럼 줄을 친 것도 아니다. 공동묘지는 오합지졸이 줄 선 것처럼 아예 중구난방이다. 크거나 작거나, 허물어지거나, 나무가 나고 풀로 덮혀 그대로 납작하기도 하다. 민초들이 풀 아래 잠들어 결국은 잊혀져 가는 일이다. 공동묘지는 먼저 간 사람이 좋은 자리를 차지한다. 그렇다고 줄서거나 다투지는 않는다.

　죽은 사람들이 사는 동네, 공동묘지를 떠올리면 무섭다는 생각부터 든다. 밤에는 더 무서워 아예 갈 엄두를 못 낸다. 낮이라도 혼자서는 좀 그렇다. 여럿이 가면 좀 덜한데, 사람 심리가 묘한 데가 있다. 명절이 되어 성묘할 때에는 아예 좋은 옷을 입고 온 어린 아이들도 웃고 떠드는 곳이기도 하다. 공동묘지는 낮에는 생과 사가 함께 있다가도 밤이 되면 아예 아닌 것으로 변하는 이상한 곳이다.

　동네 사람이 죽어서 출상할 때에는 꽃상여에 모셔 놓고 노제를 지낸다. 앞소리꾼이 만가를 불러 먼저 나가면 상여꾼은 후렴으로 상여를 메고 갔다. 그럴라 치면 상여 뒤 상주들은 더 큰 소리로 곡을 한다. 이승과 저승의 경계시간이다. 며느리들도 경쟁을 하듯이 그런다. 문상 온 사람들이 안 보면 좀 덜할 수도 있다.

　소리꾼 앞에는 만장이 길게 줄지어 가고, 상여가 동네 앞 산모퉁이를 돌아 시야에서 사라지면, 망자는 온전히 사자의 세상에 든다. 그럴라 치면 남았던 사람들은 한소리씩 한다. 참 아까운 사람이 갔다, 정도면 잘 산 것이다. 그 양반도 저승을 가네, 하면 알게 모르게 한소리 하는 것이다.

　땅 속에 간 사람도 세월이 가서 죽기도 한다. 파묘한 곳에 사람 흔적이 없는 경우가 그것인데, 그들은 거기서 또 어디로 갔을까. 영생의 세상이 어디에 또 따로 있는지도 모른다. 땅 아래위 사람들 간에는 토피에서 교감이 완전히 끊어져 그 속의 일을 물어 알 방도가 없다. 사람들이 가끔 공동묘지에 와서 술을 따라 놓고 절을 해도 아래 사람들은 모른다. 영면하여 영생에 든 세상은 주위가 없어 전달 매체가 없기 때문이다. 그럼에도 사람들은 땅 속 사람들이 복을 줄 거라 생각하는 이상한 아이러니가 있다.

노을 없는 하늘을 그리다

인연因緣이란, 사람들 사이에 맺어지는 관계이다. 인연을 두고 불교에서는, 인因이 있으면 연緣이 들어 과果를 얻게 되는 것으로 보며, 이 세 가지 인, 연, 과因緣果를 줄여 인연이라 한다. 인연과를 농사의 경우에 비춰보면 씨앗이 인이고, 흙과 물과 거름 등이 연이 되어, 각종의 농산물을 얻는데, 그것이 과이다.

인연, 부모의 인으로 이 세상에 온 사람들은 가족, 친척을 만나면서 혈연을 알고, 동네방네를 뛰놀면서 지연이 생기고, 학연이나 직연職緣 등의 갖가지 인연으로 살아가게 된다. 그러는 동안 기쁘고 슬프고 웃고 우는 인간사가 생기는데, 사람의 일생이란 결국 인연으로 시작해서 인연이 다하면 끝이 나는 것이다.

구름도 인연 따라 움직인다. 물이라는 인이 있어서 온랭에 따라 증기가 되고, 기압이나 바람 등의 연으로 공중에 올라 사람 눈에 보이게 된 것이 구름이다. 구름은 갖가지 인연으로 모였다가 흩어지기를 반복하니 사람과 같은 인연이 하늘에서도 그대로 있는 것이다. 사람이 머리를 하늘에 두고 살고 있으니 거기에 상존하는 구름과 인간이 닮지 않으면 오히려 이상한 일 아니겠는가.

저 멀리 높은 산에서 피어오르는 뭉게구름은 꿈을 키우며 자라는 유년의 구름이고, 푸른 하늘에 두둥실 떠서 무슨 일인가로 열심인 흰구름은 미래를 가꾸는 청장년의 구름이다. 구름은 하얗다가도 금시에 검게도 되고, 천둥 번개를 만들어 다투기도 하고, 비나 눈을 흩뿌리는가 싶더니 어느새 갖가지 색깔 무지개를 만들어 웃는 것을 보면 인간사와 너무도 닮았다.

구름은 조석으로 주황색을 바탕으로 하는 붉은 빛깔 노을이 되기도 한다. 저녁노을은 장년의 구름이 시간에 따라 잘 익어 간 노년의 구름이다. 노을, 굳이 쓴다면 老乙, 늙어서 을이 된 구름, 뒷방 구름이 아닐까도 싶다.

노을이 되면 말이 헛새고 귀도 헛듣고 마음도 좁아져서, 오가는 말들에 곧잘 오해도 하고, 마음의 상처로까지 남아 걸음마저 비틀거릴 수가 있다. 또한 노을이 화려할수록 해 넘는 속도로 사위어 갈 때, 그 아쉬움이 클 뿐더러 인연단절의 충격으로 남게 될 것이다. 그러하니, 노을은 가급적 엷어야 하고, 아예 없는 편이 나을지도 모른다. 저무는 하늘이 맑을수록 엷은 노을이 되는 것이니, 없는 노을을 만드는 능력은 老乙, 본인만이 가능한 일이다.

하늘의 뜻에 따라 이 세상에 온 사람들, 그리하여 살아 왔던 세월들, 다사다난했던 인연의 끝이 오늘인지 내일인지 모른다. 불타는 정열이었던 청춘들, 어느덧 뒷자리에 선 자신을 보며 아쉬움으로 뒤돌아보지 않는지. 나의 근간이었던 혈연, 지연, 학연 등에서 벗어나 가급적 인연을 엷게 할 수 있는 좋은 방법은 역시 자연으로 드는 것이 아닐까 싶다. 자연은 누구를 미워하거나 배타적이지 않고, 노을도 마다않고 받아들이는 무한 수용체이다. 그리하여 깊은 산의 신령 같은 존재가 되었다가, 구름에 빨려 들어 엷은 노을로 살다가, 해 따라 그냥 사위어 가는 것이다.

자연에 들면

'돌아가셨다'라는 말은, 통상, 사람이 죽으면 쓰는 말이다. 어디로 가는 것을 돌아갔다 하는가. 오기 위해 출발했던 자리, 자연에 드는 것이 아닐까 한다. 죽은 사람이 다시 살아올 수 있는가. 불가능한 일이다. 사람이 죽어서 가는 자연은 거대한 순환이고 비가역적이며 전체 엔트로피가 항상 증가하는 곳이다. 죽어서 자연에 든 자가 다시 살아 돌아온다는 것은, 자연에서 엔트로피에 아무런 변화도 없이 가역적인 일이 생겼다는 것인데, 그것은 불가능한 일이기 때문이다.

돌아가는 사람이나 보내는 사람이나 영원한 이별은 슬픈 일이다. 사람이 돌아가는 자연이란 어떤 세상일까. 김광섭의 시 한 구절, '어디서 무엇이 되어 다시 만나랴'의 안타까운 소망처럼, 자연에 든 사람들은 거기서 서로 만날 수도 있을까. 생자는 필멸이나 살아생전의 모습은 아닐지언정 전후의 질량에는 아무런 변함이 없다. 지구가 생기고서 거기에 존재하던 분자들이 합쳐져서 생명의 바탕이 되는 물질들로 변했고, 거기에 흙이나 돌이나 여타 우수마발이 도와 생명체가 탄생하였다는 학설처럼, 그의 극히 일부분은 다시 새로운 개체로 나거나 생명체로 변할 수도 있을 것이다.

그렇다 하여 흩어졌던 육신이 오롯이 하나의 생명체가 되리란 것은 영겁도 모자랄 일이지, 우리가 사는 세상 시간 갖고는 어림 반 푼어치도 없는 일이다. 그러니 돌아가셨다고 하면 그저 본디 자리인 자연에 들어 아무도 모르게 편히 쉬겠거니 하는 편이 옳다. 다만, 영적인 일은 별개이다.

 그렇기는 하여도 자연에 드는 것은 다시 볼 수 없는 이별이니, 이런 일을 무슨 수로 아름답게 꾸밀 수 있겠는가. 내 육신을 이루던 아주 미소한 일부분이 물속 세상을 구경도 하고, 구름에 들어 하늘을 날기도 하거니와, 하나의 과일, 한 잎 나뭇잎에 들에 세상을 붉게도 푸르게도 하니 그게 어딘가 하는 정도로, 혹시 위안을 삼을 수도 있지 않을까.

제2부

시
POETRY

솔깃한 제안

비 오는 날 산에 가는 일
바람이 낸 오솔길 따라
우산에 비 소리 들으며

바닥에서 튀는 비는
잡귀들의 웃음 묻은 침이니
숲속 빈터 도드라진 곳에
갓 큰 버섯처럼 있어 보아라

동그랗게 내려와
숲을 두드리는 소리
거친 시간 떠가는 소리
온몸으로 들을 것

빗소리 센 엇결들이
문득 좋은 하모니로 결맞아 오면
몸 속 오만 잡것이 빠지고
구름 같은 가벼움이 찰 것이니

빗소리 가벼워
맑은 기운 들거든 하늘을 보아라
흰구름 담은 하늘이 어디로 가는지

풀꽃 언덕길

다들 떠난
강아지 하나 빈집에
혼자 남은 아이
국민학교 1학년 오후반

늦은 학교를 가네
가는지 노는지
동편 고갯길로 하늘거리네

할머니가 쑥처럼 쓴다던
떡쑥 노란꽃이
풀꽃 언덕 아래
제비꽃과 노네

가기 싫은 학교를 가네
내를 건너 철길을 건너 읍을 지나
멀리 학교를 가네

어른 되어
큰 가방 멘 작은 아이에
그날들 얹어 보는 버릇

돌아보면 아름다운가
수고로운 일들 용케도 넘어
풀꽃 언덕길을 가 보네

학교와 집 사이

아득한 길들이
한세월 지나도
또렷한 기억이네

쓸만한 우비 없이
비바람에 젖어 가던 길들
옷을 몸으로 말리면
선생님은 교실을 비우고

집 나서서
한 고개를 넘어
못을 지나고
아지랑이 밭길을
개구리 논길을
동산 같은 산 둘을 달아 넘어
철길을 건너면
그제사 보이는 저어기 학교

눈 뜨면 가는 곳
더는 그럴 일이 없는 곳
갔던 길 돌아올 땐

내일도 와야 하는 학교
안 가면 안 되는 집

아시보던* 길

좋은 날에 집에만 있었을까
큰 소나무 넓은 터 사안터는 매일 가는 곳
큰메땡이 보살피사 안 다치는 마법이 있었고

풋마늘 입에 넣고
넘기나 뱉나 사는 법을 배우던 시절
잔소리 단 어른도 없는 판에
남새밭은 한낱 풀밭이었다

코뚜레도 안뀐 송아지 같은 아이들
뻘난 장난감 하나 따로 없으니
재미는 서로 장난감 되어 노는 것이다

생각이 행동인 아이들
장에 간 엄마가 사 올 과자 생각에
동편길을 신나게 달려 나갔다

꼬막발에도 닳아 곱던 길
아시보던 길
물구나무 세상이 신비로운 길에서

과자 장사가 없더라는 엄마 말에
오만 자랑 다해 둔 과자봉지가
아시보던 세상으로 날아간
허망한 날도 있었다

＊ 아시보다 : 꼬마들이 허리를 숙여 다리 사이로 뒤를 보는 행동.

붉은 꽈리

저 붉은 주머니
그 속이 진작부터 궁금하였다
무슨 보물일까

저 붉은 주머니
앙다물고 속을 보이지 않아
바람 한 가닥 안개비 한 톨 어림없어

저 붉은 주머니
청춘의 연두색에서
이처럼 붉게 변한 연유는 궁금치 않아
그 다음도 그래

저 붉은 주머니
비바람 세월로 퇴색되고 넝마 될 즈음에
저 안 보물이 어떤 모습으로 세상에 올지
보물은 어찌 저런 주머니를 만들어 갈지
궁금한 거지

저 붉은 주머니
그 속이 궁금했던 것은

결국 그 보물의 세상살이가
걱정인 거지

솔잎

소나무는 나무 중의 왕이로니
솔가리도 그저 홀 것이 아닐지다
불 얇은 보릿짚
지붕갈이 썩은새야 쇠죽솥이 당연하고
어르신 밥솥에는 군말 없이 솔가리다

나무꾼의 전설로도 격이 다른 솔가리
색으로 말할소냐 향을 어디 비길텐가
천방지축 꼬꾸라진 갈잎들은 뒤에 줄 세우고
炎으로 살다 灰를 남기고 魂되어 天에 오르나니

솔가리에 불 지펴 솥 밑 치는 불땀을 보았느냐
벼 훑기의 선 날처럼 위 없이 솟구치거니와
화룡의 혓바닥이 너울거린 불춤으로
무쇠솥에 안친 밥에 솔의 전설 전하노니
천하일미 쌀밥은 여기서 나는도다

애초부터 급이 달랐던 불꽃이었다
한 솥밥을 짓고서도 잡티와 버무림 없이
은은한 흔적 두고 방고래로 사라든다
솔가리 불 방 쓰는 인간 등 굽은 이 없고
우후 달빛 청솔 같이 청초할까

직돌에 들어 나니
갓 떠날 시간이라
가벼워라
하늘에 오르샤 구름밭에 노니도다

구름이 비가 되고
소나무가 비를 맞고
이파리 새로 나서 낙락장송 한세월에
바람 타고 세월 타고 솔잎 되어 내려서면
나무꾼 갈고리에 또 한 바퀴 돌아나니
새로운 솔잎마다 구만의 윤회가 스몄다
그 보기를 쉬이 마라

그 아이

잔상이 한 세월이네

동편 언덕에 오르면
넓은 들 저편에는
기차가 올 시간

비행장 큰집들이 보이고
키다리 아저씨가 사는 곳인가 했던
가슴이 화하던 수이한 곳

기차가 오고
웃음이 쏟아지고
교복들이 쏟아지고
한 무리 이리로 오네

들을 지나
내를 건너
산모퉁이 돌더니
언덕을 오르네
교복들의 소리

촌락 아이가
목 너머 밀고픈 교복의 소리

소리가 가깝네
보리밭 고랑에 숨어드네
그 아이가 보이네
근동 예쁘기로 소문 난 아이

산들거리는 보릿잎 사이로
스쳐 지나네
뒤에서 보고 있네

아쉬움

지난 건 오지 않는다

그 길로 든 건
그 아이를 볼 연이다

깻단을 이고 오던 아이
땀이 송송하던 깨 얼굴
얼굴이 붉었고
눈만 살짝 던지고

동작이 작고 말수가 적던 아이
단아한 기와집 같던 아이

혼담이 오가고
도시로 가고
부자로 산다는 소리

스쳐지난 인연
얼굴이 붉었던 건
마음이 밖으로 나온 것이다

객쩍은 생각을 아쉬움에 얹으면
합장 같은 목련꽃 버그러지는 소리

시계꽃

달빛 내리는 산중턱 바위
합장으로 앉은 여인
키 작고 늙은 소나무가 둘러섰다

선녀일까
날개가 없으니
인계와 선계의 어디쯤일 듯

여인이 솔향으로 올리는 기도는 무엇일까
저리도 예쁘면 원할 것도 없으련만
야심한 밤에는 예쁜 여인의 기도만 받는가

승복이 나부끼니
달빛이 신광身光되어 감싸네
오롯이 훤하네

잿밥으로 달려간 산사에서
처음으로 시계꽃을 보았네

염화미소 시계꽃
혼자서 도는 시계
영원히 안 맞을 시간
멀리에 기차가 가네

고래실

이삭 패면 나락꽃이 핀다
바람비야 오지마라

낮에는 사람 눈에 크고
밤에는 이슬로 크는 나락
별빛으로 여물고
달빛 옷을 입네

얼며 떨며 순응하던
문전옥답 고래실
따스한 날 잡아
우리 소가 논을 가네

쇠풍경 단
달랑달랑 다섯 살
쟁기질에 써레질에
이랴, 소리 미안하고
얼른 못 가 미안하다

논을 갈아 물을 잡고
모를 내고 논을 매고

여든여덟 번의 농심으로
고래실에 나락이 난다

비설거지

한밤이 수근거린다
야심한 밤에 낭패가 난다

'온 하늘에 비 실었다'
떡고개 나락가리 가자는 아버지
지친 항소 신음

밤에는 달빛으로 살고
어둠에 자리 드는 사람들
후줄근한 옷을 걸치고
반쯤 뜬 눈으로 어둠에 나선다
초롱불 든 유령의 행렬
중얼거림도 따른다
'이놈들 공부하라 케도'

나락끌티가 발목 잡는 논바닥
'곧 비오겠다'
나락이야 물에 크고 비에 크고
베어 말린 나락은 모시적삼이다
아래부터 시작한 일이 끝날 무렵
구름이 비 되어 내리니 날이 밝는다

가을비로 호졸근한 귀갓길은
때 맞춰 동네 찾는 동냥치처럼
'이놈들 공부하라 케도'
힘든 일에 항상 내 아버지

나락타작

일찍들 오셨다
아재 아지매
나락타작 하는 날

발동기 따라 도는 탈곡기
볏단을 얹어
추수를 한다

부푸는 나락더미
부푸는 농심
가래로 나락을 디루어
알곡을 담는다

막걸리 김치 한 가닥 고수레
지기地氣 인기人氣 천기天氣에
풍년이 드네

이백 말이 안 되네
열두 말이 더 나네
눈만 남은 아버지
미소가 보이네

쌀밥

가을이 익으면
나락도 따라 익어
쌀밥을 먹게 된다

반질거리는 미백색
햇곡의 감칠맛
긴 여름 거친 밥의 보상

할아버지 밥은 늘 쌀밥
할아버지 남긴 밥에
아이들 숟가락이 날아들었다

여름방학이 끝나
내일 집 떠날 밤에
어머니는 내게도 쌀밥을 주었다

하늘에서 온 돌

얼마나 긴 세월을
꼬마 돌 혼자서 맴 돌았을까

아무 흔적도 없는 허무 공간
있느니 못한 눈 먼 별빛 흐르고
뜻밖에 꼬리별 하나 스칠 뿐
춥고 어둡고 무섭지 않던가

어디서 무엇이 손짓하던가
나락으로 떨어지면 어쩔 셈이던가

인연이라 하지만
무한 공간 무량대수 만물에
무슨 인因에 연緣이 뜨거워
무한 무無 확률 내게로 왔을까

안심하여라
인因인가
연緣인가는 나중 일이고

오롯한 과果 하나 품에 들어
공허한 세상
더는 떠돌 일 없으니

별

모깃불 피는
대[竹]평상에 누워
할머니 팔베개한 여름밤은

은단을 쏟았을까
비료를 뿌렸을까

눈 매운 장닭 잠든지 오래
무슨 별이 저리도 많을까

일등별
이따금별
아스라별
모여 노는 별
따로 노는 별
별별 별이 다 있네

오늘도 별 수 없이 별 숙제를 미루네
별에 관한 숙제는
보는 것이라 떼를 쓰는 것이다

수석

보고 버리고
보고 버리고

돌을 덮는 파도를 피해
돌을 뱉는 파도를 따라
온몸 후줄근히 젖어도
마음 가는 돌이 없네

물속에서 찾는
헛 돌 꿈
一生一石
머리가 돌이다

원하고 원하여
용왕님 주신 돌 한 점
두고두고 보면
돌돌돌돌
어차피 돌 아니던가

그래도 돌돌돌돌

수박 단상

수박은 방학 따라 익어 온다
어른들이 원두막을 지으면
아이들은 놀이터가 생기고
수박을 따먹는 계절이 오는 것이다

둥글게 크는 수박은
어른들에 미소를
아이들에 둥근 세상을 주었다

익은 수박을 알면
세상을 좀 산 축에 들었다

손가락으로 튕겨서
맑은 소리를 내는 수박은
해오름에 붉은 빛처럼
시빗거리 없는 곧은 살
붉은색과 결맞다

여름이 지면
수박도 지고
재미도 지고

긴 여름 달달하던 수박은
아쉬움 속으로 가버린다

뉘 집 제사에 사람들

1. 밤이 깊은 사랑방
츨츨해진 젊은이 단자를 쓴다
허퍼삼아 하는 일

술은 한강수요
떡은 태산이라
쌀밥 나물은 양푼이에
생선 과일은 광주리에
흥부네 식솔 보듯 한가득 채우소서

무겁던 단자지 무색하여라
빈양푼 빈광주리 가볍네
허탈하여라

2. 제사 지낸 아지매들
한밤에 여 나르는 제삿밥
잠에 빠진 사립문
불러 외는 아지매

어두우면 자던 시절
긴 밤에 제삿밥은 기막힌 야참이라

오늘 밤은 뉘 집 제산고 은근 꾀고 든 자리
어쩌다 제삿밥이 빠지면
날 샌 골목길엔
궁시렁이 가득하다

풋고추

아이들은 무서운
어른들만 맛있는 풋고추

열무김치 싸서
생된장 얹어 먹는 풋고추
어른들의 먹거리 검붉은 풋고추
우적우적 달다 하였다

풋고추가 맛있는 일은
언제쯤에 될 일인가
어른 되면
다 될 줄 알았던 아이

어른이 되니
세상이 맵고
안되는 일이 많아진
그때가 그리운 아이

맛있는 무지개

무지개가 맛있다는 아재들
따먹기로 한 꼬마들
깊은 산 옹달샘에서 난다는 말에
맴만 돈다

하늘로 오르는 꿈의 맛일까
영롱하고 아련한 둥근색
햇살로 자란 투명색

꽃도 맛있다 일러들 주시지
빨간 꽃은 빨간 맛
파란 꽃은 파란 맛

무는 무無맛

비 오는 날 투명 텐트

비가 잘 오네
투명 텐트 하나 칠 걸
있는 듯 없는 듯
잔디밭에 놓인 투명 테두리

이불로 등받이를 하고
삼베 홑이불을 반쯤 덮고
쉬운 책을 하나 들고

시원한 비
시원한 소리 공간

누가 옆에 있어
파전 하나 구워 내면
술잔에 차는 비

잔이 비니
비 따라 다 간다

새날

새날이 왔네
어제도 그랬네

새날에 온 태양을
오래 보는 법
새날에는 새롭게
마음 풀어 가볍게

어영부영 하다가는
날은 오고 인생만 간다

파도처럼
구름처럼
살랑살랑 바람처럼

빈 잔

태풍 지난 바다
아래가 궁금하던 햇살이
윤슬 타고 오네

희뿌연 동네에 얄궂게도 살던
바다와 섬과 하늘이
좋은 선으로 만났다

태풍 지난 바다
바다가 파랗고
흰구름이 들떠 정처가 없으면
포말 실은 파도가 길을 헤매고

어디로든 좋은 자유로운 영혼
그리움에 취하여 길을 잃는다

잔이 비었다

혼자 살기 비법

사람은
혼자 세상에 왔고
혼자 세상을 뜬다

울면서 박수 속에 왔고
아파서 눈물 속에 뜬다

사람은
살면서 우리가 되고
우리는 습이 되어 우리 속에 살며
우리가 되어 웃고
우리가 되어 운다

사람은
우리로 웃는 일보다 우는 일이 많으면
우리를 벗고 새로운 우리를 찾을 일이다

사람은
혼자 와서 혼자 뜬다

그리고 그렇게

구불구불 외줄기
바다에 빠지다

그리 나서
그리 살다
그리 사라지는 일

애를 써서 오른 연화
섬광 일순에 지고
이른 봄 신록의 꿈이
한 토막 황홀경풍(恍惚境楓)이나니

구름 알갱이
비 되어 내리면 완성이다

정성식 著作集

창락산방 暢樂山房

초판 1쇄 인쇄 | 2023년 3월 24일
초판 1쇄 발행 | 2023년 3월 31일

지은이 | 정성식
펴낸이 | 최장락
펴낸곳 | 도서출판 두손컴
주　　소 | 부산광역시 부산진구 부전로 35, 301호(부전동, 삼성빌딩)
전　　화 | (051)805-8002　팩스 : (051)805-8045
이메일 | doosoncomm@daum.net
출판등록 제329-1997-13호

ⓒ 정성식 2023
값 12,000원

ISBN 979-11-91263-63-3　03810

*저자와 협의에 의해 인지를 생략합니다.
*잘못 만들어진 책은 바꾸어 드립니다.